BESSER IN FRANZÖSISCH

GRAMMATIK 9./10. SCHULJAHR

von Michelle Beyer
und
Simone Lück-Hildebrandt

Cornelsen
SCRIPTOR

Die Autorinnen:

Michelle Beyer ist Französischlehrerin an einem Gymnasium. Französisch ist ihre Muttersprache.

Simone Lück-Hildebrandt unterrichtet Französisch an einem Gymnasium. Sie ist außerdem Beauftragte für Lehrerfortbildung im Fach Französisch.

Gedruckt auf chlorfrei gebleichtem Papier
ohne Dioxinbelastung der Gewässer.

Die Deutsche Bibliothek – CIP-Einheitsaufnahme

Besser in Französisch. – Frankfurt am Main: Cornelsen Scriptor.
(Lernhilfen von Cornelsen Scriptor)
Grammatik/von Michelle Beyer und Simone Lück-Hildebrandt.
9./10. Schuljahr. – 1994
ISBN 3-589-20941-0

5. 4. 3. 2. 1.
98 97 96 95 94 Die letzten Ziffern bezeichnen Zahl und Jahr des Drucks.

Redaktion: Maria Bley, München
Herstellung: Kristiane Klas, Frankfurt am Main
Umschlaggestaltung: Studio Lochmann, Frankfurt am Main
Illustrationen: Stefan Matlik, Essenheim
Satz: Utesch Satztechnik GmbH, Hamburg
Druck und Bindearbeiten: Druckerei Gutmann GmbH, Talheim bei Heilbronn
Vertrieb: Cornelsen Verlag, Berlin
Printed in Germany
ISBN 3-589-20941-0
Bestellnummer 209410

Inhalt

So lernst du mit diesem Buch

Aus welchem Grund du dich auch entschlossen hast, deine Französischkenntnisse zu verbessern – dieses Buch wird dir helfen, beim Umgang mit der französischen Grammatik sicherer zu werden.

Der Aufbau dieser Lernhilfe entspricht ungefähr deinem Französischlehrbuch, das du in der Schule benutzt. Du mußt diese Lernhilfe aber nicht unbedingt von vorne nach hinten durcharbeiten. Wenn du ein ganz bestimmtes Problem hast, kannst du das entsprechende Thema anhand des Inhaltsverzeichnisses heraussuchen und dann dieses Kapitel bearbeiten.

Auch das Vokabular ist auf dein Französischbuch abgestimmt. Manchmal war es allerdings nicht zu vermeiden, einen Begriff aufzunehmen, den du vielleicht noch nicht kennst. Die Übersetzung findest du dann meist unmittelbar hinter diesem Wort.

Jedes Kapitel dieses Buches enthält:

- eine Übersicht über die behandelten Themen,
- kurze grammatische Erklärungen mit Beispielsätzen,
- ein bis zwei Übungen zum jeweiligen Thema und
- einen abschließenden Test.

Der Test am Ende des Kapitels enthält Übungen, für die du alle behandelten Themen des Kapitels beherrschen mußt. Anschließend gibst du dir für die richtigen Ergebnisse Punkte und überprüfst selbst, ob du mit deinen Fortschritten zufrieden sein kannst. Hast du nicht mehr als die Hälfte der angegebenen Punktzahl erreicht, solltest du das Kapitel noch einmal sorgfältig durcharbeiten.

Fast alle Übungen sind direkt im Buch zu bearbeiten. Am besten nimmst du dafür einen Bleistift. Dann kannst du radieren und eine Übung, mit der du nicht ganz zufrieden warst, noch einmal wiederholen. Mit Hilfe des Lösungshefts überprüfst du deine Eintragungen. Schau dir die Lösungen aber immer erst an, wenn du eine Übung vollständig bearbeitet hast!

Überall in Frankreich begegnet einem „3615“, die Eingangsnummer zu den Bildschirmtext-Programmen des Minitel-Systems. Benötigt man eine Auskunft, will man eine Bestellung im Supermarkt aufgeben oder eine Bahnfahrkarte lösen – bei allem hilft der Minitel. Unter dem Stichwort „Edutel“ können Schüler sogar ein Nachhilfeprogramm aufrufen.

Microtel kann zwar nicht ganz so viel – er wird dir aber Zugang zu einigen Grammatikthemen verschaffen, die dir bisher vielleicht Schwierigkeiten bereitet haben.

Viel Erfolg und Spaß beim Üben mit diesem Buch!

Michelle Beyer und
Simone Lück-Hildebrandt

1 Die Zeiten der Vergangenheit
Les temps du passé

A Die Bildung des *imparfait*
B Der Gebrauch von *imparfait* und *passé composé*
C Das *plus-que-parfait*

A Die Bildung des *imparfait*

- A quelle heure **es**-tu **rentrée** hier?
- A minuit. Ce n'est pas un drame!
- Quand j'**avais** ton âge, je ne **sortais** pas le samedi soir et je ne **répondais** pas sur ce ton à ma mère!

Eine Zeit der Vergangenheit, das *passé composé*, ist dir inzwischen sicher geläufig. Mit dem *imparfait* lernst du eine weitere Zeit der Vergangenheit kennen, die einfach zu bilden ist. Abgesehen von wenigen Ausnahmen werden die Formen des *imparfait* vom Stamm der 1. Person Plural des Präsens abgeleitet. Die Personalendungen sind immer gleich. Sie lauten:

-ais -ais -ait -ions -iez -aient

Für die Bildung des *imparfait* mußt du dir also nur den Stamm der *nous*-Form im Präsens und die entsprechende Endung vergegenwärtigen.

infinitif	présent: nous	imparfait	
regarder	**regard**ons	je	regard**ais**
descendre	**descend**ons	tu	descend**ais**
finir	**finiss**ons	elle/il	finiss**ait**
boire	**buv**ons	nous	buv**ions**
prendre	**pren**ons	vous	pren**iez**
appeler	**appel**ons	elles/ils	appel**aient**

Und dies sind die wenigen Ausnahmen:

être

j'	étais
tu	étais
elle/il	était
nous	étions
vous	étiez
elles/ils	étaient

falloir (notwendig sein)

il fallait présent: il faut

pleuvoir (regnen)

il pleuvait présent: il pleut

Bei den Verben, die auf *-cer* und *-ger* enden, mußt du bei der 1. und 2. Person Plural auf die Rechtschreibung achten – denn *ç* und *ge* stehen nur vor *a*, *o*, *u*.

commencer		**ranger**	
nous commen**ç**ons	je commençais	nous ran**ge**ons	je rangeais
	nous commen**c**ions		nous ran**g**ions
	vous commen**c**iez		vous ran**g**iez

Besondere Aufmerksamkeit verlangen auch die Verben, deren Stamm in der *nous*-Form auf *i* oder *y* endet.

oublier		**rire**	
nous oublions	j' oubliais	nous rions	je riais
	nous oubl**ii**ons		nous r**ii**ons
	vous oubl**ii**ez		vous r**ii**ez
employer		**croire**	
nous employons	j' employais	nous croyons	je croyais
	nous emplo**yi**ons		nous cro**yi**ons
	vous emplo**yi**ez		vous cro**yi**ez
		ebenso: voir	

1 Ergänze die Formen des *imparfait.*

regarder	jeter	lancer
je ______________	tu ______________	il ______________
nous ______________	vous ______________	ils ______________
attendre	descendre	vendre
j' ______________	tu ______________	elle ______________
nous ______________	vous ______________	elles ______________
dormir	partir	vouloir
je ______________	tu ______________	il ______________
nous ______________	vous ______________	ils ______________
réfléchir	venir	pleuvoir
je ______________	tu ______________	il ______________
nous ______________	vous ______________	

partager (teilen)	envoyer	crier (schreien)
je ________	tu ________	elle ________
nous ________	vous ________	elles ________
voir	croire	sourire
je ________	tu ________	nous ________
nous ________	vous ________	vous ________

2 Moi à ton âge ...
Setze die folgenden Verben ins *imparfait.*

1. Moi, à ton âge, je ______________________ (ne pas avoir besoin) d'argent de poche.
2. Nous ______________________ (s'amuser) entre amis pour pas cher.
3. D'abord, je ______________________ (ne pas sortir) souvent.
4. Mes frères et moi, nous ______________ (devoir) aider nos parents qui ______________________ (ne pas être) riches.
5. Le dimanche, nos parents nous ______________________ (emmener) parfois au cinéma.
6. Je dis bien parfois, car il ______________ (falloir) faire très attention à l'argent.
7. Nous ______________________ (ne pas pouvoir) partir en vacances.
8. Nous ______________ (aller) seulement chez une tante au bord de la mer.
9. Je ______________ (garder) des enfants pour me payer le cinéma et la discothèque une fois par mois.
10. Et vous ______________________ ______ (ne pas s'ennuyer)?

11. Si nous ______________________ (s'ennuyer)?
12. Oh non, c'________ (être) comme ça pour tout le monde.
13. On ______________________ (ne pas avoir) idée d'imaginer autre chose.

B Der Gebrauch von *imparfait* und *passé composé*

1. Das *imparfait* wird benutzt, um Situationen und Handlungen darzustellen, deren Anfang und Ende keine Rolle spielen.
   Dabei handelt es sich oft um Geschehnisse, die parallel verlaufen, um Situationsschilderungen oder um die Beschreibung von Hintergrundhandlungen.

> Ma grand-mère **préparait** une tisane (Tee),
> mon grand-oncle **écoutait** les informations
> et ma mère **tricotait** dans un coin.

Deshalb steht das *imparfait* in der Regel nach *pendant que*.

Dagegen wird das *passé composé* zur Darstellung von Situationen und Vorgängen gebraucht, deren Anfang und Ende klar begrenzt sind.
Dies ist besonders der Fall, wenn eine Handlung die andere ablöst:

> Il **a mis** son manteau.
> Il **a ouvert** la porte.
> Il **est parti** sans rien dire.

Dabei spielt die Dauer der Situation oder der Handlung keine Rolle:

> La Première Guerre Mondiale **a duré** quatre ans.

2a. Das *imparfait* schildert ein gerade im Verlauf befindliches Geschehen, das den Rahmen für eine neu einsetzende Situation oder Handlung bildet.
Das neu eintretende Ereignis wird durch das *passé composé* dargestellt.

> Astérix et Obélix **se promenaient** dans la forêt, quand, tout à coup,
> ils **ont entendu** des Romains.

Darum steht das *imparfait* auch in Verbverbindungen, die einen Verlauf in der Vergangenheit beschreiben, wie *être en train de faire qc* (gerade dabei sein, etw. zu tun).

> J'**étais** en train de lire mon journal, quand le téléphone **a sonné**.

2b. Das *imparfait* steht ebenfalls in Verbverbindungen, die den Umstand einer neuen, meist unvorhergesehenen Handlung unterstreichen, wie *venir de faire qc* (eben etw. getan haben), *aller faire qc* (im Begriff sein, etw. zu tun).

> Je **venais** de terminer ma lettre, quand le directeur m'a appelé.
> (Was war ..., als ...?)
> Il **allait** monter en voiture, mais il a remarqué qu'il n'**avait** pas ses papiers.
> (Was sollte geschehen ..., als ...?)

3. Schließlich wird auch die Regelmäßigkeit und Wiederholung von Handlungen in der Vergangenheit durch das *imparfait* ausgedrückt.

Tous les matins, il **allait** acheter son journal.
Puis, il **partait** travailler vers sept heures.
Le soir, il **sortait** promener son chien vers huit heures.
Quand il y **avait** un match de foot intéressant, il **allait** le voir.

Das *imparfait* steht in diesem Fall auch bei Adverbien, die normalerweise eine neu eintretende Handlung bezeichnen, wie *puis* oder *alors,* und in Nebensätzen mit *quand* (jedesmal wenn).

3 Unterstreiche die Verben der folgenden Sätze, und ergänze die Ziffer der zutreffenden Erklärung.

Das Verb bezeichnet:

1 eine Situationsschilderung, eine parallel verlaufende Handlung, eine Hintergrundhandlung,
2a ein gerade im Verlauf befindliches Geschehen,
2b den Umstand einer Handlung *(venir de faire qc, aller faire qc),*
3 die Regelmäßigkeit oder Wiederholung einer Handlung,
4 eine Situation oder Handlung, deren Anfang und Ende klar begrenzt sind,
5 ein neu eintretendes Ereignis.

1. J'étais dans mon bain quand le téléphone a sonné. 2a 5
2. C'était une belle journée. J'ai pris le métro jusqu'à Opéra, 1 ____
puis je me suis promenée sur les boulevards. Je suis entrée ____ ____
aux Galeries Lafayette. Je n'ai rien acheté parce que tout était ____ ____
trop cher.
3. Pendant les vacances, mon père allait tous les jours nous ____
acheter des croissants.
4. Il pleuvait depuis des heures; Christian s'amusait avec une ____ ____
BD (bande dessinée *f*, Comic), Adeline jouait avec le chien ____
et Alexis s'ennuyait devant la télé. ____
5. Il faisait très beau, alors nous avons pris nos vélos. ____ ____
6. J'allais justement te téléphoner. ____
7. Nous sommes bien arrivés le 1er juillet par un très beau temps. ____

C Das *plus-que-parfait*

Je me souviens bien de cette fille.
Elle **est arrivée** dans notre classe en troisième.
Elle **racontait** à tout le monde qu'elle **avait fait** le tour du monde.
Et tout le monde la croyait quand elle disait qu'elle **était allée**
en Amérique et qu'elle **avait vu** des Indiens.

In einer Erzählung benutzt man verschiedene Zeiten, um Handlungen der Vergangenheit, die nicht gleichzeitig geschahen, voneinander zu unterscheiden.
Das *plus-que-parfait* wird für Vorgänge verwendet, die zeitlich vor einem anderen Geschehen der Vergangenheit liegen. Man spricht hierbei auch von Vorzeitigkeit.

plus-que-parfait	imparfait
	Elle **racontait**
qu'elle **avait fait** . . .	
	Et tout le monde la **croyait** quand elle **disait**
qu'elle **était allée** . . . et qu'elle **avait vu** . . .	
Handlungen, die zeitlich vor der einfachen Vergangenheit liegen	Handlungen in der einfachen Vergangenheit

Das *plus-que-parfait* wird mit dem *imparfait* der Hilfsverben *avoir* oder *être* und dem Partizip Perfekt *(participe passé)* des betreffenden Verbs gebildet.

imparfait von *avoir* oder *être* + *participe passé* des Verbs

Wie beim *passé composé* werden die meisten Verben mit *avoir* gebildet. Lediglich die Verben der Bewegungsrichtung (und einige andere) sowie die reflexiven Verben werden mit *être* gebildet.

Hier sind die Verben der Bewegungsrichtung noch einmal zur Erinnerung:

venir	↔	aller	rester
arriver	↔	partir	retourner
entrer	↔	sortir	tomber
monter	↔	descendre	
naître	↔	mourir	

Wird das Verb mit *être* gebildet, darfst du nicht vergessen, daß sich das Partizip in Geschlecht und Zahl nach dem Subjekt richtet. Wird es mit *avoir* konjugiert, mußt du feststellen, ob es ein direktes Objekt hat. Steht dieses vor dem Verb, dann richtet sich das Partizip nach diesem Objekt.*

Elle **avait fait** une fugue (war ausgerissen) et **était partie** en stop.
Elle **était restée** longtemps à la campagne sans donner de nouvelles à ses parents.
Sa mère **s'était fait** beaucoup de soucis et en **était morte** de chagrin (war vor Kummer fast gestorben).
Les gendarmes l'**avaient** enfin **retrouvée** dans une grange (Scheune).

4 Setze die folgenden Verben ins *plus-que-parfait*.

1. finir	j'	______________________
2. gagner	tu	______________________
3. partir	elle	______________________
4. répondre	nous	______________________
5. boire	vous	______________________
6. descendre	ils	______________________
7. connaître	il	______________________
8. envoyer	elles	______________________
9. neiger	il	______________________
10. redoubler	nous	______________________
11. s'ennuyer	Marie	______________________
12. se coucher	ils	______________________

* → Besser in Französisch, Grammatik 8. Schuljahr, Kapitel 4D und Kapitel 16.

5 La fugue d'Agathe. (Agathe ist ausgerissen.)
Setze die folgenden Verben ins *imparfait* oder ins *plus-que-parfait*, und achte dabei auf die Partizipien.

Cela ___________[1] (faire) deux heures qu'elle ______________[2] (marcher) au bord de la route et elle _________________________[3] (ne pas manger) depuis la veille (Vortag). Maintenant, elle ________[4] (avoir) très faim.

Tout _________________________[5] (commencer) deux jours auparavant (vorher) par l'arrivée de cette lettre du lycée. Une enveloppe bleue, un peu sale. Le père ________________________[6] (l'ouvrir), _________________[7] (la lire) et ______________________[8] (la donner) à la mère sans un mot.

Elle ______________________[9] (s'essuyer) les mains, longuement, elle ________________[10] (mettre) ses lunettes, puis elle ______________________[11] (regarder) sa fille, durement, sans un mot.

Puis, elle ____________________________[12] (se retourner) vers le père et lui ______________[13] (dire). «Ça ___________[14] (devoir) bien se terminer comme ça un jour ou l'autre.» «Oui, elle n'est pas capable de suivre l'école.» «Elle», c'est-à-dire Agathe, ____[15] (ne pas beaucoup travailler) cette année. Elle _________________________[16] (bien penser) aux mauvaises notes du bulletin et aux réactions de ses parents. Dans ses rêves, elle ___________ ______________[17] (se représenter, sich vorstellen) cette scène comme un orage, une tempête de cris, un ouragan de pleurs, de reproches, mais ce silence, ce vide dans les yeux de ses parents . . . Non. Alors, elle _________________[18] (sortir), tout doucement, sans bruit, sans claquer la porte comme elle le ______________[19] (faire) d'habitude.

Maintenant, elle _________________[20] (marcher) sur la route et ______________________[21] (se demander) où elle ___________________[22] (aller coucher) ce soir.

Test

I Ergänze das imparfait der folgenden Verben.

1.	dire	je	____________	8.	ouvrir	tu	________________
2.	écrire	tu	____________	9.	envoyer	elle	________________
3.	conduire	il	____________	10.	se lever	nous	________________
4.	boire	nous	____________	11.	partir	vous	________________
5.	venir	vous	____________	12.	réfléchir	elles	________________
6.	servir	ils	____________	13.	falloir	il	________________
7.	dormir	je	____________	14.	perdre	nous	________________

14 points

II Une manif (Demo) contre le racisme.
Setze den folgenden Text in die Vergangenheit. Überlege vorher, wie die Situationen von René gesehen werden:
– als unbegrenzt oder im Verlauf befindlich *(imparfait)*,
– als begrenzt oder neu eintretend *(passé composé)*.

René raconte:

«Il ________[1] (être) environ dix heures quand nous ____________________ ________________[2] (se rencontrer). Le bus __________________________[3] (venir de passer). Nous ______________________[4] (décider) d'aller à pied dans le centre ville car le prochain bus ____________________________[5] (ne pas aller passer) avant dix heures et demie. Il ______________[6] (faire) très beau ce jour-là. Nous ____________ _______________[7] (se mettre) en route de bonne humeur. Malheureusement, il ______________[8] (falloir) porter nos pancartes (Schilder) contre le racisme. Comme elles ___________[9] (être) lourdes! Au bout de 20 minutes, je ___________________ ________[10] (ne plus en pouvoir). J' _________________[11] (demander) à Marie-Christine de m'aider. Mais elle _______________________[12] (me répondre) que ce ____________________[13] (ne pas être) un travail pour une fille.

A quand une manif contre le sexisme?»

13 points

III La fugue d'Agathe II. (Suite, Fortsetzung)
Setze die folgenden Verben ins imparfait, passé composé oder plus-que-parfait.

Agathe ______________________[1] (marcher) pendant des heures et maintenant, elle ________[2] (être) fatiguée. Elle ________________[3] (finir) par s'asseoir au bord de la route et regardait toutes ces voitures qui ________________[4] (passer). En ce moment, elle ________________________[5] (se demander) ce qu'elle __________[6] (faire) ici, au bord de la nationale . . . Laquelle, au fait? Où ___________[7] (être)-elle? Elle ne ________________[8] (reconnaître) plus la sortie de la banlieue grise et hostile (feindselig) où elle se trouvait. Elle ________[9] (être) tellement absorbée par ses pensées (in Gedanken versunken sein) qu'elle n'avait pas vu le grand garçon brun de l'autre côté de la route qui ___________[10] (mener, führen) vers Paris.

Tout à coup, les lourds nuages gris qui __________________[11] (menacer, bedrohen) le calme de cette fin d'après-midi _____________[12] (éclater, platzen) et de grosses gouttes (Tropfen) de pluie ______________________[13] (commencer) à tomber. Agathe ________________[14] (regarder) autour d'elle pour chercher à se mettre à l'abri (sich unterstellen). Rien. Et toujours ces voitures qui ______________[15] (passer) à toute vitesse sans la voir et qui l'________________________[16] (éclabousser, naßspritzen)! Elle ________________[17] (se dire) alors qu'elle _________________________________[18] (aller être mouillée, naß werden) en moins de cinq minutes. C'est alors que le grand jeune homme brun ________________[19] (traverser) la chaussée à grandes enjambées (Schritten). Maintenant, il _____________[20] (se tenir) devant elle et _____________[21] (sourire) un peu gêné.

– J'ai un parapluie, . . . enfin, si tu veux . . . Tu vas où?

21 points

2 Die neutralen Pronomen *ce qui* und *ce que*
Les pronoms neutres «ce qui» et «ce que»

A *ce qui* und *ce que* in der indirekten Frage
B *ce qui* und *ce que* im Relativsatz

A *ce qui* und *ce que* in der indirekten Frage

Seit den ersten Stunden deines Französischunterrichts kennst du die Frage nach Sachen oder Tätigkeiten, die das direkte Objekt des Satzes bilden:

Qu'est-ce que les amis ont acheté au marché?	Ils ont acheté **des fleurs.**
Qu'est-ce que tu aimes faire l'après-midi?	J'aime faire **du sport.**
Was? Frage nach dem direkten Objekt	direktes Objekt

Daneben gibt es natürlich auch die Frage nach Sachen, die das Subjekt des Satzes bilden:

Qu'est-ce qui t'intéresse dans le volley?	**L'esprit de l'équipe*** m'intéresse.
Was? Frage nach dem Subjekt	Subjekt

Im Deutschen werden diese beiden Frageformen mit „Was . . . ?" eingeleitet. Im Französischen mußt du dir jedoch überlegen, ob nach dem Subjekt oder nach dem Objekt gefragt wird.
Noch einmal zusammengefaßt:

Qu'est-ce **qui** . . . fragt nach Sachen (Tätigkeiten, Ereignissen, Aussagen), die **Subjekt** sind.

Qu'est-ce **que** . . . fragt nach Sachen (. . .), die **direktes Objekt** sind.

* l'esprit *m* de l'équipe *f*, Gemeinschaftsgeist

1 Christine a des problèmes.
Elle a des problèmes à l'école, à la maison, avec ses camarades de classe.
Mme Lagrange est professeur de littérature, en même temps, elle travaille comme psychologue dans le collège de Christine. Elle aimerait bien aider Christine; c'est pour cela qu'elle lui pose des questions.
Versetze dich in die Lage von Mme Lagrange, und stelle die Fragen. Entscheide dabei, ob die Frage mit *Qu'est-ce qui . . .* oder *Qu'est-ce que . . .* eingeleitet wird.

1. Mme Lagrange: ______________________________ (aimer faire) après que tu as terminé tes devoirs?
   Christine: J'aime bien écrire mes idées et mes pensées dans mon journal intime.
2. Mme Lagrange: ____________ t'a fait (avoir fait) de la peine (Kummer)?
   Christine: Le départ de mon frère m'a fait de la peine.
3. Mme Lagrange: ______________________________ (ressentir, fühlen) quand tu discutes avec tes camarades de classe?
   Christine: Je ressens une certaine (gewisse) agressivité.
4. Mme Lagrange: ______________________________ (intéresser qn) dans tes études à l'école?
   Christine: C'est la littérature et la philosophie qui m'intéressent beaucoup.
5. Mme Lagrange: ______________________________ (proposer qc à qn)?
   Christine: Mes parents me proposent de changer d'école.
6. Mme Lagrange: ____________ t'énerve (énerver qn, stören) avant tout?
   Christine: C'est la concurrence entre les élèves qui m'énerve avant tout.
7. Mme Lagrange: ______________________________ (faire peur à qn)?
   Christine: L'avenir (Zukunft) me fait peur.

8. Mme Lagrange: ____ (aller faire) pendant les vacances?

   Christine: Pendant les vacances? Je vais rester à la maison.

9. Mme Lagrange: Ecoute, Christine! Moi, je te propose autre chose.

   Christine: Ah oui? ____ (proposer qc à qn) ?

Wie verwandelst du nun die direkte Frage nach Sachen in eine indirekte Frage?

Qu'est-ce qui t'intéresse dans le volley? Je me demande **ce qui** t'intéresse dans le volley.	direkte Frage indirekte Frage	nach dem Subjekt
Qu'est-ce que les amis ont acheté au marché? Elle a demandé **ce que** les amis ont acheté au marché.	direkte Frage indirekte Frage	nach dem dir. Objekt

Du siehst: *ce qui* und *ce que* bleiben dabei erhalten. Sie leiten hier indirekte Fragen ein. Die „Auslöser" für indirekte Fragen können sein:

(se) demander	s'interroger	ne pas savoir
se poser la question	vouloir savoir	ne pas comprendre . . .

Es ist also ganz einfach:

Aus	Qu'est-ce qui . . .? Qu'est-ce que . . .?	wird	Elle a demandé **ce qui . . .** Nous ne savons pas **ce que . . .**

2 Mme Lagrange se fait des soucis.
Mme Lagrange connaît Christine depuis deux ans. Elle a bien vu qu'elle a des problèmes. Avant sa discussion avec Christine, elle réfléchit.
Wandle die direkten Fragen in indirekte um. Verwende folgende „Auslöser“:

Je me demande . . .	Je ne sais pas . . .	Je vais lui demander . . .
Je ne comprends pas . . .	Je voudrais bien savoir . . .	

1. Qu'est-ce qu'elle aime bien faire après ses devoirs? ____________________
2. Qu'est-ce qui lui a fait de la peine? ____________________
3. Qu'est-ce qu'elle ressent quand elle discute avec ses camarades de classe? ____________________
4. Qu'est-ce qui l'intéresse dans ses études à l'école? ____________________
5. Qu'est-ce que ses parents lui ont proposé? ____________________
6. Qu'est-ce qui l'énerve avant tout? ____________________
7. Qu'est-ce qui lui fait peur? ____________________

In diesem Abschnitt ging es um die Pronomen *ce qui* und *ce que* in der indirekten Frage nach Sachen, Tätigkeiten, Ereignissen oder Aussagen.
Beachte aber: Wird im indirekten Fragesatz nach einer **Person** gefragt, so mußt du das Pronomen *qui* benutzen – gleichgültig, ob *qui* Subjekt oder direktes Objekt ist.

	Qui	est-ce qui est venu?		
Je ne sais pas	**qui**	est venu.		
	Subjekt	Verb		
	Qui	est-ce que	tu	as rencontré?
Je ne sais pas	**qui**		tu	as rencontré?
	dir. Objekt		Subj.	Verb

B *ce qui* und *ce que* im Relativsatz

Du hast gesehen, daß *ce qui* und *ce que* indirekte Fragesätze einleiten, wenn nach Sachen gefragt wird. Diese beiden Pronomen leiten auch Relativsätze ein, wenn Sachen (Tätigkeiten . . .) gemeint sind. Wir übersetzen beide Pronomen mit „was". Woran erkennst du aber, wann du *ce qui* (Subjekt) und wann *ce que* (direktes Objekt) benutzen mußt? Am besten nimmst du hierzu eine kleine Satzanalyse vor:

Zu jedem Verb (Prädikat) gehört ein Subjekt. Ist im Relativsatz kein weiteres Subjekt vorhanden, dann gilt es, diese Stelle mit dem Relativpronomen *ce qui* zu besetzen.

Hauptsatz	Relativsatz	
Raconte-moi	**ce qui**	s'est passé.
	Subjekt	Verb

Ist im Relativsatz bereits ein Subjekt vorhanden, dann darf kein weiteres eingesetzt werden. In diesem Fall kann also nur *ce que* als direktes Objekt richtig sein.

Hauptsatz	Relativsatz		
Je ne comprends pas	**ce que**	tu	as dit.
	dir. O.	Subjekt	Verb

Dieses Prinzip gilt übrigens genauso für die Relativpronomen *qui* und *que*.*

3 Un cadeau pour l'anniversaire de Nicolas.
Ergänze im folgenden Text *ce qui* oder *ce que*.

La mère: Tu sais __________ [1] on peut acheter à Nicolas pour son anniversaire?

Le père: Non, je ne vois pas du tout __________ [2] peut lui faire plaisir. Une console de jeu électronique, peut-être?

La mère: Je ne vois pas __________ [3] tu veux dire.

Le père: Mais si, c'est __________ [4] le petit voisin a eu à Noël.

La mère: Un truc Nintendo? Ah, non! Appuyer (drücken) sur des touches (Tasten), c'est tout __________ [5] les jeunes savent faire maintenant! Pas question! Je suis contre tous ces jeux automatiques, électroniques . . . Je suis pour __________ [6] demande un peu d'intelligence, de réflexion et de poésie.

Le père: Oui, je sais . . . Tu es pour __________ [7] est culturel, intellectuel et naturel. On connaît la chanson. Mais voilà, ce n'est pas __________ [8] les garçons de 14 ans aiment, c'est là tout le problème.

* → Besser in Französisch, Grammatik 8. Schuljahr, Kapitel 11

Diese Übung ist dir sicher nicht schwergefallen. Aber nun gibt es noch ein Problem: Wann werden *ce qui/ce que* und wann werden *qui/que* eingesetzt? Vergleiche:

Voilà le jeu à la mode **qui** plaît aux jeunes.

Voilà la poupée **que** j'ai achetée à Marion.

Je ne vois pas **ce qui** plaît aux jeunes dans ce jeu.

Je ne sais pas **ce que** nous pouvons offrir à Marion.

Du siehst: Die Relativpronomen *qui* und *que* stehen immer nach ihrem Bezugswort im Hauptsatz, das sie vertreten.
Ce qui und *ce que* haben dagegen kein nominales Bezugswort bei sich – im Hauptsatz steht also kein Substantiv, das sie aufgreifen. Sie beziehen sich immer auf etwas Unbestimmtes und werden deshalb auch „neutrale Relativpronomen" genannt.

Übrigens: *Ce qui* und *ce que* können auch am Anfang eines Satzgefüges stehen.

Ce que	tu	dis,	est idiot.
dir. O.	Subjekt	Verb	
Ce qui	m'	intéresse,	c'est les romans policiers.
Subjekt	dir. O.	Verb	

4 Un garçon débordé. (Ein gestreßter Kellner.)
Entscheide, ob du *ce qui*, *ce que*, *qui* oder *que* einsetzen mußt.

1. ___________ est bon est souvent cher.
2. Dis-moi ___________ te plaît.
3. Je ne sais pas ___________ nous allons prendre.
4. Dites-nous ___________ va bien comme vin avec le poisson.
5. Prends ___________ tu veux en dessert.
6. Garçon, le vin ___________ vous nous avez servi n'est pas frais.
7. Ici, c'est bien le patron ___________ fait la cuisine.
8. ___________ j'aime n'est jamais au menu.
9. Garçon, ce n'est pas le plat ___________ j'ai demandé!
10. Tout ___________ vous apportez est déjà froid.

Test

I Christine et son journal intime.
Avant sa discussion avec Mme Lagrange, Christine est très inquiète. Toutes sortes de questions lui passent par la tête. Elle les écrit dans son journal intime.
Forme ihre direkten Fragen in indirekte um.

1. Qu'est-ce qu'elle va me demander?
2. Qu'est-ce qui l'intéresse dans mon cas?
3. Qu'est-ce qu'elle pense de mes problèmes?
4. Qu'est-ce qu'elle va dire à mes parents?
5. Qu'est-ce qui l'a poussée (gedrängt) à discuter avec moi?
6. Qu'est-ce qu'elle va me proposer comme solution?
7. Qu'est-ce qui va se passer après la discussion?

Journal intime

1. J'aimerais savoir ______________________________
2. Je ne comprends pas ______________________________
3. Je me demande ______________________________
4. Je ne sais pas ______________________________
5. Je vais lui demander ______________________________
6. Je voudrais bien savoir ______________________________
7. Je me demande ______________________________

| 7 points

II Discussion autour du PAE (le projet d'activité éducative, Projekttag) du collège sur les SDF (sans domicile fixe, Obdachlose).
Vervollständige die Sprechblasen mit den passenden Relativpronomen.

Il y a un point __________[1] je ne comprends pas.

Quelqu'un peut me dire __________[2] vous avez déjà fait et __________[3] s'est passé à la première réunion?

Pour moi aussi il y a une chose __________[4] n'est pas claire.

Moi aussi, je ne vois pas très bien __________[5] vous voulez dire.

Tu n'as pas écouté __________[6] j'ai dit: C'est le prof d'arts plastiques __________[7] fait les affiches avec nous.

__________[8] nous voulons tous, c'est faire un travail de groupe sur les SDF __________[9] montre clairement notre opinion.

Est-ce qu'on a déjà rédigé les textes __________[10] on va mettre sur les affiches?

Je ne suis pas d'accord pour inviter des hommes politiques __________[11] ne font rien pour les SDF!

C'est ça la réponse __________[12] le maire a écrite? C'est un scandale!

Oui, c'est un scandale __________[13] nous allons montrer!

Fais voir! Montre-moi __________[14] il a écrit!

Mais, est-ce que nous sommes tous d'accord sur __________[15] on veut dire?

Tu sais __________[16] vient de téléphoner?
Un journaliste de «Presse-Eclair»!

16 points

III Le petit traducteur.

1. Zeige mir, was du gekauft hast.

____

2. Sind es die Schlüssel, die du vermißt (chercher)?

____

3. Er denkt sicherlich (sûrement) nicht, was er sagt.

____

4. Weißt du, wer eben angerufen hat (venir de téléphoner)?

____

5. Was mich stört (déranger), ist sein Schweigen (silence *m*).

____

6. Ich frage mich, wen er wohl (bien) in diesem Jugendzentrum (M.J.C. *f*) trifft.

____

____

7. Er versteht nie, was man ihm sagt.

____

Zwei Punkte pro Satz – ein Punkt Abzug pro Fehler.

14 points

3 Der Infinitiv
L'infinitif

A Der Infinitiv ohne Präposition
B Der Infinitiv mit *à* und *de*
C *laisser faire qc / faire faire qc*
D Infinitive mit den Präpositionen *avant*, *après*, *pour* und *sans*

Le samedi, je peux **regarder** la télé jusqu'à minuit.

On n'a pas encore commencé **à travailler.**

Est-ce que tu as envie **de manger** une glace?

Viele Verben können durch einen Infinitiv ergänzt werden. Wichtig ist dabei, diesen Infinitiv richtig anzuschließen – mit *à*, mit *de* oder ganz ohne Präposition.
Die ersten beiden Abschnitte dieses Kapitels geben dir einen systematischen Überblick darüber, wie du zu der jeweils richtigen Infinitivergänzung kommst.

A Der Infinitiv ohne Präpositon

Die Gruppe der Verben, bei denen der Infinitiv ohne Präposition angefügt wird, ist die größte, die du dir merken mußt. Am besten prägst du dir diese fünf Untergruppen ein:

1 Modalverben + Infinitivergänzung

vouloir	faire qc	oser	faire qc	wagen, etw. zu tun
pouvoir		sembler		etw. zu tun scheinen
savoir		paraître		etw. zu tun scheinen
devoir		il faut		man muß etw. tun

Elle est très courageuse. Elle **ose parler** devant un grand public.

2 Verben der Bewegungsrichtung + Infinitivergänzung

aller	faire qc	gehen	um etw. zu tun
descendre		hinuntersteigen	
monter		hinaufsteigen	
partir		weggehen/-fahren	
passer		vorbeigehen	
rentrer		nach Hause gehen	
retourner		zurückkehren	
sortir		hinausgehen	
venir		kommen	
courir		laufen	

Tu ne comprends pas les problèmes de maths? Attends, je **viens t'aider**.

3 Verben des Denkens und Meinens + Infinitivergänzung

croire	faire qc	glauben	etw. zu tun
espérer		hoffen	
s'imaginer		sich einbilden	
penser		glauben, beabsichtigen	
compter		rechnen mit, beabsichtigen	
affirmer	avoir fait qc	bestätigen, versichern	etw. getan zu haben
assurer		behaupten, versichern	

Avec son diplôme, il **espère trouver** du travail.

4 Verben der Willensäußerung und des Empfindens + Infinitivergänzung

désirer	faire qc	wünschen, etw. zu tun
vouloir		etw. tun wollen
il faut		man muß etw. tun
aimer		gerne etw. tun
aimer mieux		lieber etw. tun
détester		verabscheuen, etw. zu tun
préférer		bevorzugen, etw. zu tun

Je **déteste écouter** la musique Rap.

5 Verben der Wahrnehmung + direktes Personenobjekt + Infinitivergänzung

écouter	qn faire qc	zuhören	wie jd. etw. tut
entendre		hören	
regarder		beobachten	
voir		sehen	
sentir		fühlen	

Toute la nuit, on **entendait** le bébé **pleurer**.

1 Un cas compliqué.
M. Steiner, un commissaire allemand, travaille avec son collègue, le commissaire Naigret. M. Steiner explique les détails d'un cas compliqué. Mais, il y a un problème . . . la langue!
Stell dir vor, du bist sein Dolmetscher.

1. Er hat das Auto genommen und ist weggefahren, um Einkäufe zu machen.

____

2. Ich glaube nicht, seine Frau zu Hause anzutreffen.

____

3. Die Hausmeisterin hat zugesehen, wie seine Frau die Post (courrier *m*) geöffnet hat.

____

4. Ich verabscheue es, Menschen zu überwachen (surveiller).

____

5. Er scheint zu verstehen, daß seine Frau sich in einer gefährlichen Situation befindet.

____

____

6. Aber ich wage noch nicht, diese Frau zu verhaften (arrêter).

____

B Der Infinitiv mit *à* und *de*

- **Der Infinitiv mit *à***

Innerhalb der Gruppe von Verben, bei denen der Infinitiv mit der Präposition *à* angeschlossen wird, gibt es vier Untergruppen.

1 Verben + *à*-Infinitivergänzung

apprendre	à faire qc	lernen	etw. zu tun
arriver		gelingen	
chercher		versuchen	
commencer		beginnen	
continuer		fortfahren	
demander		verlangen	
servir		zu etw. dienen	
avoir qc	à faire	etw. zu tun haben	

Je n'arrive pas **à ouvrir** cette boîte.

réussir à gelingen

2 Verben + direktes Personenobjekt + *à*-Infinitivergänzung

aider qn	à faire qc	jdn. helfen	etw. zu tun
amener qn		jdn. dazu bringen	
inviter qn		jdn. einladen	
obliger qn		jdn. verpflichten	

Mme Naigret: «On invite **M. Steiner à dîner**?»

3 Verben + indirektes Personenobjekt + *à*-Infinitivergänzung

apprendre à qn	à faire qc	jdm. beibringen	etw. zu tun
montrer à qn		jdm. zeigen	

Un bon professeur montre **aux élèves à trouver** les fautes eux-mêmes.

4 Reflexive Verben + *à*-Infinitivergänzung

s'amuser	à faire qc	sich die Zeit vertreiben mit
s'attendre		gefaßt sein auf
se décider		sich entscheiden zu
s'habituer		sich gewöhnen an
s'intéresser		sich interessieren für
se mettre		anfangen, beginnen

Je ne peux pas **m'habituer à travailler** pendant la nuit.

- **Der Infinitiv mit *de***

Die Gruppe der Verben, bei denen der Infinitv mit *de* angeschlossen wird, ist in fünf Unterguppen zu unterteilen.

1 Verben + *de*-Infinitivergänzung

arrêter	de faire qc	aufhören	etw. zu tun
décider		entscheiden	
essayer		versuchen	
finir		aufhören	
oublier		vergessen	
regretter	d'avoir fait qc	bedauern,	etw. getan zu haben

Et tu n'oublies pas **de fermer** le poste de télévision.

2 Verben + direktes Personenobjekt + *de*-Infinitivergänzung

empêcher qn	de faire qc	jdn. hindern	etw. zu tun
féliciter qn		jdn. beglückwünschen	
prier qn		jdn. bitten	
remercier qn		jdm. danken	

Je ne peux pas **empêcher Christine de partir** seule.

3 Verben + indirektes Personenobjekt + *de*-Infinitivergänzung

conseiller à qn	de faire qc	jdm. raten	etw. zu tun
demander à qn		jdn. bitten	
dire à qn		jdm. sagen	
offrir à qn		jdm. anbieten	
permettre à qn		jdm. erlauben	
promettre à qn		jdm. versprechen	
proposer à qn		jdm. vorschlagen	

J'ai promis **à mes parents de rentrer** à 23 heures.

4 Reflexive Verben + *de*-Infinitivergänzung

s'excuser	de faire qc	sich entschuldigen	etw. zu tun
se dépêcher		sich beeilen	
s'occuper		dafür Sorge tragen	
se souvenir	d'avoir fait qc	sich erinnern	etw. getan zu haben

Vite, Aurélie, dépêche-toi **de terminer** tes devoirs!

5 Folgende Ausdrücke + *de*-Infinitivergänzung

avoir envie	de faire qc	Lust haben	etw. zu tun
avoir peur		Angst haben	
avoir raison		Recht haben	
avoir le droit		das Recht haben	
avoir le temps		Zeit haben	
être en train		dabei sein	

«100 000 francs? Super!» «Tu vois, j'ai eu raison **de jouer** au loto.»

Sicher hast du längst erkannt, daß dir nichts anderes übrigbleibt, als diese Verbgruppen zu lernen. Du kannst dir das Lernen aber erleichtern, wenn du alle hier aufgeführten Verben auf kleine, durchnumerierte Kärtchen schreibst:

- Auf der Vorderseite notierst du nur die Verben (ohne Präposition, ohne die Infinitivergänzung und ohne die dazugehörigen Objekte).
- Auf die Rückseite schreibst du die Infinitivergänzung mit der Präposition (wenn vorhanden) und die Objektergänzungen.

Vorderseite:

```
-36--------------
    proposer
```

Rückseite:

```
--------------36-
   à qn de
   faire qc
```

Zum Lernen drehst du alle Kärtchen auf die Vorderseite und mischst sie. Nun notierst du nacheinander auf einem Blatt zunächst die Kartennummer und dann zu jedem Verb die richtige Infinitivergänzung sowie die richtige Objektergänzung (falls vorhanden). Anschließend überprüfst du deine Ergebnisse mit Hilfe der Rückseiten.

2 On cherche le champion ou la championne de l'infinitif!
Durchleuchte die „Verbkoffer", und notiere das Verb, das nicht dazugehört. Trage dann in das „Namensschild" den Infinitivanschluß der übrigen Verben ein.

1. arrêter s'occuper
regretter apprendre
essayer avoir raison

apprendre à faire qc

2. arriver se mettre
continuer
servir proposer

____

3. demander offrir
conseiller
dire montrer

____

4. aider féliciter
amener
inviter obliger

____

5. s'excuser se dépêcher
se souvenir s'habituer

____

6. avoir envie avoir
avoir le droit
être en train avoir le temps

____

3 La correspondance mystérieuse.
Le commissaire Naigret a reçu une disquette sans expéditeur (Absender). Mais il n'arrive pas à comprendre le texte parce que les bouts de phrase ne correspondent pas. Un vrai puzzle!
Bringe die Sätze mit Hilfe der Infinitivanschlüsse in die richtige Reihenfolge, und notiere sie anschließend auf einem Blatt Papier.

1. N'osez pas
2. Il faut continuer
3. Nous avons bien vu
4. Vous regrettez peut-être
5. Nous nous intéressons
6. Nous vous conseillons
7. On a tout notre temps
8. N'essayez pas
9. Nous pouvons obliger

a) de cacher vos autres affaires. On les connaît.
b) vos «clients» à se présenter à la police.
c) nous créer des problèmes.
d) à connaître quelques-uns de vos clients.
e) votre complice sortir du garage.
f) de vous jouer un mauvais tour.
g) à jouer cette comédie.
h) de garder le silence sur la disparition des 5 millions de DM dans votre banque.
i) d'avoir commis ce crime.

1. c 2.___ 3.___ 4.___ 5.___ 6.___ 7.___ 8.___ 9.___

4 Une journée infernale.
Commissaire Naigret doit partir en voyage. Il explique à son assistant ce qu'il doit faire.
Wandle die Imperative in Infinitive um.

«Tapez ces quatre lettres. Surveillez Mme Clignot. Montrez au nouveau stagiaire (Praktikant) comment il doit remplir les formulaires. Retrouvez cette jeune fille disparue depuis la semaine passée. Allez à l'hôpital St.-Jean et interrogez l'agent de police blessé samedi soir. Vérifiez (überprüfen) toutes les informations dans l'affaire du sang contaminé (verseuchtes Blut).»

Je ne sais pas comment je vais faire!!

1. Il me demande ______________ ces quatre lettres.
2. Je dois continuer ____
3. En plus, je vais montrer ____

____
4. Bien sûr, je vais essayer ____

____
5. Ensuite, je vais passer ____

____
6. Et quand est-ce que je vais m'occuper ____

____

C *laisser faire qc / faire faire qc*

Die beiden Infinitivkonstruktionen *laisser faire qc* und *faire faire qc* gehören eigentlich zur Gruppe der Infinitive ohne Präposition. Es gibt bei ihnen jedoch zwei Besonderheiten zu beachten, die in diesem Abschnitt erläutert und geübt werden.
Konzentrieren wir uns zunächst auf den inhaltlichen Unterschied zwischen *laisser faire qc* und *faire faire qc*.

Deux professeurs, deux opinions (Meinung):

Professeur A: Dans la dernière heure, je **laisse** discuter les élèves entre eux.

Professeur B: Ah non, moi pas, je les **fais** travailler.

Lehrerin A läßt zu, daß die Schüler diskutieren, während Lehrer B die Schüler veranlaßt zu arbeiten.

laisser faire qc – zulassen, etw. zu tun
faire faire qc – jdn. veranlassen, etw. zu tun

Diesen inhaltlichen Unterschied solltest du zunächst einüben.

5 Des professeurs entre eux.
Setze *laisser* oder *faire* sinngemäß ein.

A: Pendant la récréation, je ____________[1] courir les élèves. Ça leur fait du bien.

B: Oui, bien sûr; mais moi, je leur ____________[2] aussi nettoyer la cour.
Qu'est-ce qu'ils ____________[3] tomber comme papiers, boîtes, chewing-gum . . .!

A: Ça c'est vrai. L'autre jour, je leur ai ____________[4] écrire une histoire avec le titre «Les éboueurs (Müllmänner) sont partis sur une autre planète»!

B: Vous savez, c'est la faute aux parents; ils ____________[5] les enfants faire ce qu'ils veulent.

A: Oui, mais c'est aussi la télévision qui ____________[6] croire aux jeunes que la vie est très facile.

B: On devrait leur ____________[7] voir de bons films à l'école.

A: Je pense comme vous. Mais notre proviseur est contre la télé à l'école.
Il ne nous ____________[8] pas travailler avec des films!!

Diese Übung war sicher problemlos zu bewältigen. Schauen wir uns nun die Satzstellung bei diesen beiden Verben genauer an.

Sätze mit einem Objekt:

Jusqu'à neuf heures, je laisse jouer **la petite**. Après, je fais ranger **la petite**.	Das Objekt folgt unmittelbar auf den Infinitiv.

Sätze mit zwei Objekten:

Puis, je laisse **la petite** écouter sa musique préférée.	Das Personenobjekt kann sich zwischen *laisser* und Infinitiv schieben.
Enfin, je fais **dire** une prière **à la petite**.	Auf *faire* folgt der Infinitiv immer unmittelbar. Das Personenobjekt wird zum indirekten Objekt.

Lösungsheft

Besser in Französisch
Grammatik 9./10. Schuljahr

von Michelle Beyer
und Simone Lück-Hildebrandt

Cornelsen
SCRIPTOR

1 Die Zeiten der Vergangenheit

1	je regardais nous regardions	tu jetais vous jetiez	il lançait ils lançaient
	j'attendais nous attendions	tu descendais vous descendiez	elle vendait elles vendaient
	je dormais nous dormions	tu partais vous partiez	il voulait ils voulaient
	je réfléchissais nous réfléchissions	tu venais vous veniez	il pleuvait
	je partageais nous partagions	tu envoyais vous envoyiez	elle criait elles criaient
	je voyais nous voyions	je croyais vous croyiez	nous souriions vous souriiez

2
1. je n'avais pas besoin
2. Nous nous amusions
3. je ne sortais pas
4. nous devions ... qui n'étaient pas
5. nos parents nous emmenaient
6. il fallait
7. Nous ne pouvions pas
8. Nous allions
9. Je gardais
10. vous ne vous ennuyiez pas
11. nous nous ennuyions
12. c'était
13. On n'avait pas

3
2. était, 1; ai pris, 4; suis promenée, 4; suis entrée, 4; n'ai rien acheté, 4; était, 1
3. allait, 3
4. pleuvait, 1; s'amusait, 1; jouait, 1; s'ennuyait, 1
5. faisait, 1; avons pris, 5
6. allais, 2b
7. sommes arrivés, 4

4
1. j'avais fini
2. tu avais gagné
3. elle était partie
4. nous avions répondu
5. vous aviez bu
6. ils étaient descendus
7. il avait connu
8. elles avaient envoyé
9. il avait neigé
10. nous avions redoublé
11. Marie s'était ennuyée
12. ils s'étaient couchés

5

1. Cela faisait
2. elle marchait
3. elle n'avait pas mangé
4. elle avait
5. Tout avait commencé
6. l'avait ouverte
7. l'avait lue
8. l'avait donnée
9. Elle s'était essuyée
10. elle avait mis
11. elle avait regardé
12. elle s'était retournée
13. lui avait dit
14. Ça devait
15. elle n'avait pas beaucoup travaillé
16. elle avait bien pensé
17. elle s'était représentée
18. elle était sortie
19. elle le faisait
20. elle marchait
21. elle se demandait
22. elle allait coucher

Test

I

1. je disais
2. tu écrivais
3. il conduisait
4. nous buvions
5. vous veniez
6. ils servaient
7. je dormais
8. tu ouvrais
9. elle envoyait
10. nous nous levions
11. vous partiez
12. elles réfléchissaient
13. il fallait
14. nous perdions

II

1. Il était
2. nous nous sommes rencontrés
3. Le bus venait de passer
4. Nous avons décidé d'aller
5. le prochain bus n'allait pas passer
6. Il faisait
7. Nous nous sommes mis
8. il fallait
9. elles étaient
10. je n'en pouvais plus
11. J'ai demandé
12. elle m'a répondu
13. ce n'était pas

III

1. Agathe avait marché
2. elle était fatiguée
3. elle avait fini par
4. qui passaient
5. elle se demandait
6. ce qu'elle faisait
7. était-elle
8. Elle ne reconnaissait plus
9. elle était
10. qui menait
11. qui menaçaient
12. ont éclaté
13. ont commencé à tomber
14. Agathe a regardé
15. qui passaient
16. qui l'éclaboussaient
17. Elle s'est dit
18. qu'elle allait être mouillée
19. a traversé
20. il se tenait
21. souriait

2 Die neutralen Pronomen *ce qui* und *ce que*

1
1. Qu'est-ce que tu aimes faire ...
2. Qu'est-ce qui t'a fait ...
3. Qu'est-ce que tu ressens ...
4. Qu'est-ce qui t'intéresse ...
5. Qu'est-ce que tes parents te proposent?
6. Qu'est-ce qui t'énerve ...
7. Qu'est-ce qui te fait peur?
8. Qu'est-ce que tu vas faire?
9. Qu'est-ce que vous me proposez?

2
1. Je me demande ce qu'elle aime bien faire ...
2. Je voudrais bien savoir ce qui lui fait de la peine.
3. Je vais lui demander ce qu'elle ressent ...
4. Je ne sais pas ce qui l'intéresse ...
5. Je vais lui demander ce que ses parents ...
6. Je ne comprends ce qui l'énerve ...
7. Je me demande ce qui lui fait peur.

3 1. ce qu' 2. ce qui 3. ce que 4. ce que 5. ce que 6. ce qui 7. ce qui 8. ce que

4 1. Ce qui 2. ce qui 3. ce que 4. ce qui 5. ce que 6. que 7. qui 8. Ce que 9. que 10. ce que

Test

I
1. ... ce qu'elle va me demander.
2. ... ce qui l'intéresse dans mon cas.
3. ... ce qu'elle pense de mes problèmes.
4. ... ce qu'elle va dire à mes parents.
5. ... ce qui l'a poussée à discuter avec moi.
6. ... ce qu'elle va me proposer.
7. ... ce qui va se passer après la discussion.

II 1. que 2. ce que 3. ce qui 4. qui 5. ce que 6. ce que 7. qui 8. Ce que 9. qui 10. qu' 11. qui 12. que 13. que 14. ce qu' 15. ce qu' 16. qui

III
1. Montre-moi ce que tu as acheté.
2. Est-ce que ce sont les clés que tu cherches?
3. Il ne pense sûrement pas ce qu'il dit.
4. Tu sais qui vient de téléphoner?
5. Ce qui me dérange, c'est son silence.
6. Je me demande qui il va bien rencontrer dans cette M.J.C.
7. Il ne comprend jamais ce qu'on lui dit.

3 Der Infinitiv

1
1. Il a pris la voiture et il est parti faire des courses.
2. Je ne pense pas rencontrer sa femme à la maison.
3. La concierge a vu sa femme ouvrir le courrier.
4. Je déteste surveiller des gens.
5. Il paraît comprendre que sa femme se trouve dans une situation dangereuse.
6. Mais je n'ose pas encore arrêter cette femme.

2
1. apprendre à faire qc / de faire qc
2. proposer à qn de faire qc / à faire qc
3. montrer à qn à faire qc / à qn de faire qc
4. féliciter qn de faire qc / qn à faire qc
5. s'habituer à faire qc / de faire qc
6. avoir à faire qc / de faire qc

3
1. c N'osez pas nous créer des problèmes.
2. g Il faut continuer à jouer cette comédie.
3. e Nous avons bien vu votre complice sortir du garage.
4. i Vous regrettez peut-être d'avoir commis ce crime.
5. d Nous nous intéressons à connaître quelques-uns de vos clients.
6. h Nous vous conseillons de garder le silence sur la disparition ...
7. f On a tout notre temps de vous jouer un mauvais tour.
8. a N'essayez pas de cacher vos autres affaires ...
9. b Nous pouvons obliger vos «clients» à se présenter à la police.

4
1. ... de taper ces quatre lettres.
2. ... à surveiller Mme Clignot.
3. ... au nouveau stagiaire à remplir les formulaires.
4. ... de retrouver cette jeune fille ...
5. ... à l'hôpital interroger l'agent de police blessé samedi soir.
6. ... de vérifier toutes les informations du sang contaminé?

5 1. laisse 2. fais 3. laissent 4. fais 5. laissent 6. fait 7. faire 8. laisse

6
1. ... je laisse les enfants regarder des cassettes vidéo.
2. ... je laisse le garçon jouer au Minitel du père.
3. ... je le fais descendre dans la cave.
4. ... je fais manger du riz aux enfants.
5. ... je fais ranger la cuisine à la fille.
6. ... je les laisse boire un peu de vin rouge.
7. ... je leur fais prendre une douche.
8. ... je les laisse lire ...
9. ... je la fais coucher sous le lit.

7
1. Pour faire fondre le chocolat il faut préparer un bain-marie.
2. Avant de faire monter les blancs d'œufs en neige, vous séparez ...
3. Après avoir fait fondre le chocolat, vous ajoutez ...

4. Ajoutez les jaunes d'œufs sans attendre trop longtemps.
5. Avant de continuer votre préparation, prenez ...
6. Après avoir versé la crème de chocolat dans ce saladier, ajoutez les blancs en neige ...
7. Mélangez doucement la crème pour obtenir une mousse bien légère.
8. Après avoir terminé le mélange, mettez la crème ...

Test

I
1. tu penses faire
2. j'ai envie de ne rien faire
3. m'obliger à apprendre
4. Tes parents ont raison de
5. je préfère me débrouiller
6. j'ai appris à jongler, à marcher sur un fil, à faire
7. Je me suis amusée à
8. je te vois déjà travailler
9. quelqu'un qui essaie de me comprendre
10. je vais arriver à convaincre
11. il faut être
12. j'ai espéré faire
13. J'ai arrêté de rêver
14. je me suis mis à faire
15. tu as le droit d'avoir
16. entendre parler
17. vous m'empêchez de faire
18. je te promets de réfléchir

II
1. Je fais corriger les travaux écrits aux élèves.
2. Ne laissez pas votre enfant regarder trop la télévision.
3. Je fais ranger la chambre aux enfants.
4. Mes parents me laissent partir en voyage avec mon copain. Mais ils me font payer le voyage.
5. Depuis 1992, nous laissons passer les voyageurs sans contrôle.
6. Où sont les tagueurs? Faites les entrer.

III
2. *Avant* de poser les lettres sur son bureau, je vais trier le courrier.
3. Je vais donner des renseignements au téléphone *pour* avoir moins de clients au bureau.
4. Je pose des questions dans des cas difficiles *sans* oublier de chercher des renseignements sur l'ordinateur.
5. *Avant* d'organiser des conférences, je vais prendre contact avec les chefs de départements.
6. *Après* avoir pris ma pause à midi, je vais préparer du café pour le chef. / *Avant* de prendre ma pause à midi, ...
7. Je ne reste pas trop longtemps en dehors de mon bureau *pour* pouvoir répondre au téléphone.
8. Je vais travailler vite *sans* faire des fautes.

4 Das Adjektiv

1

	vor	nach	
1.		x	le mois dernier
2.	x		une pauvre famille
3.		x	des meubles anciens

4.		x	deux choses différentes
5.		x	une chemise propre
6.	x		une sale histoire
7.		x	une personne méchante
8.	x		notre propre voiture
9.	x		un vrai cadeau
10.		x	une information certaine
11.	x		son seul ami
12.	x		un sacré menteur

2
1. une vieille locataire
2. une femme très curieuse
3. son nouveau voisin
4. un homme seul
5. un poste important
6. la lutte dangereuse/ la dangereuse lutte
7. une sale affaire
8. un homme très riche
9. des pauvres types
10. différentes sortes
11. Ces jeunes gens
12. une seule fois
13. cette méchante chose
14. ce grand criminel
15. d'un air triste
16. mon propre fils
17. ce sacré boulot
18. une nouvelle vie
19. une vraie épidémie

3
1. célèbre pour ... et pour
2. différente des
3. pleine de
4. fidèles au / gentil avec
5. typique de la
6. comparable à
7. étonné de
8. fort en
9. jalouse de / charmant avec
10. heureuses d'

4
1. sévère envers
2. fort,e en
3. comparable à
4. fier, fière de
5. caractéristique de
6. fidèle à
7. poli,e avec
8. jaloux,se de
9. célèbre pour

Test

		avant le nom	*après le nom*	*préposition*
I	2.		stolz	de
	3.		alt	de
	4.	gewisse,r	sicher	de
	5.		groß, breit	de
	6.		ähnlich	à
	7.	regelrecht	wahr	
	9.		berühmt	pour
	10.	verdammt	heilig	
	11.		überrascht	de

II
1. C'est un ancien commissaire qui était très célèbre pour son courage.
2. Il est âgé de 55 ans. / Il a 55 ans.
3. Il était très sévère envers ses collègues.
4. Il était toujours content de pouvoir aider les pauvres types.

5. Ce comportement était caractéristique de lui.
6. Mais l'année dernière, il a découvert que son propre fils vend de la drogue.
7. Depuis ce moment-là, il n'était plus prêt à continuer son boulot.

5 Das Adverb

1
1. parfois – souvent – toujours
2. bien – mal
3. tôt – tard
4. hier – aujourd'hui – demain
5. ici – là – partout
6. peu – assez – beaucoup – trop
7. avant – après
8. alors – d'abord – ensuite – enfin
9. déjà – encore

10. maintenant 11. tout à coup 12. tout de suite 13. loin
14. ensemble 15. très 16. vite

2

1.	dur	dure	durement	hart
2.	facile	facile	facilement	leicht
3.	joli	jolie	joliment	hübsch
4.	mauvais	mauvaise	mal	schlecht
5.	naturel	naturelle	naturellement	natürlich
6.	évident	évidente	évidemment	offensichtlich
7.	libre	libre	librement	frei
8.	grave	grave	grièvement	schwer
9.	prudent	prudente	prudemment	vorsichtig
10.	relatif	relative	relativement	relativ
11.	gai	gaie	gaiement	lustig
12.	rapide	rapide	vite	schnell
13.	brillant	brillante	brillamment	glänzend
14.	sérieux	sérieuse	sérieusement	ernst(haft)
15.	complet	complète	complètement	vollständig

3

1. tôt	5. déjà	9. gravement	13. sérieusement
2. Bruyamment	6. légèrement	10. vite	14. brusquement
3. Ensuite	7. directement	11. partout	15. mal
4. trop	8. Evidemment	12. vraiment	16. Complètement

4

		adjectif	*adverbe*
1.	difficile	a	
2.	brillamment		b
	jaune	a	
3.	antillais	a	
	bien		b
4.	physiquement		b
	azzez		d
	forts	a	

5.	stable	a	
6.	maintenant		b
	haute	b	
7.	vraiment		a
8.	effectivement		d
	dures	a	
9.	décisive	a	
10.	toujours		a

5
1. f gagner facilement
2. f acheter cher / acheter français
3. j
4. f aller mal
5. j
6. f travailler dur
7. f coûter cher / gagner gros
8. j

6
1. Ici, le pique-nique est strictement interdit.
2. Vous avez trop bu? Ne prenez pas le volant.
3. Nous nous engageons solennellement sur la qualité de nos produits.
4. Malheureusement, notre magasin reste fermé en raison d'une fête familiale.
5. Si vous rentrez tard, fermez cette porte à clé!
6. Jouez au loto, vous pouvez y gagner gros.
7. Après ouverture, conservez continuellement au frais.
8. ... Louez ici et conduisez là-bas.

Test

I
1. Cette étape a été un gros effort pour moi.
2. Je n'ai absolument pas espéré la dixième place.
3. La vitesse a été constamment rapide.
4. Juste devant moi, un coureur s'est grièvement/gravement blessé.
5. Heureusement, j'ai pu l'éviter.
6. Mon équipe est vraiment fière de moi.
7. Demain, je vais me lever tôt pour être en forme pour la sixième étape.

II
2. Elle est rentrée doucement. (Der Schwerpunkt der Aussage liegt auf *doucement*, daher steht das Adverb am Ende des Satzes.)
3. Elle s'est agréablement installée./Elle s'est installée agréablement.
4. Il se lève tôt.
5. Elle se déplace prudemment.
6. Elle chante terriblement faux.
7. Demain, il va pleuvoir violemment.
8. Il a souffert énormément./Il a énormément souffert.

III 1. bon 2. bien 3. bons 4. bien 5. bien 6. bien

6 Das Futur

1 j'arriverai — tu arriveras — elle arriva
nous arriverons — vous arriverez — ils arriveront

2
1. Tu m'écriras
2. je t'écrirai
3. Tu penseras
4. Je t'appellerai
5. Tu n'oublieras pas
6. je n'oublierai pas
7. ils diront
8. Je travaillerai
9. Je ne sortirai pas
10. je ne jouerai plus
11. j'arrêterai
12. mon bulletin arrivera
13. mes notes étonneront
14. ils diront
15. je leur demanderai

3
1. Vous n'ouvrirez
2. Vous mettrez
3. tu ne regarderas pas
4. tu ne bloqueras pas
5. vous mettrez
6. vous n'oublierez pas
7. Nous rentrerons / je me fâcherai

4
1. Vous ne le regretterez pas
2. nous organiserons
3. Je saurai répondre
4. il y aura
5. les adultes devront nous écouter
6. je vous enverrai
7. Vous vous apercevrez / je serai
8. je tiendrai
9. vous voterez

5
1. je les aurai corrigées
2. tu seras arrivé,e
3. vous serez parti(e)s
4. tu auras passé
5. vous aurez terminé
6. il aura fini
7. nous aurons reçu

Test

I
1. j
2. f tu sauras
3. f nous répéterons (répèterons)
4. f il faudra
5. j
6. j
7. f vous mettrez
8. j
9. f je dormirai

II

je regarderai nous regarderons	tu prendras vous prendrez	il boira elles boiront
tu iras vous irez	il courra ils courront	elle tiendra ils tiendront
j'enverrai nous enverrons	tu vendras vous vendrez	il conduira elles conduiront
je préférerai (préfèrerai) nous préférerons (préfèrerons)	tu liras vous lirez	il réfléchira ils réfléchiront

III
1. tu seras revenu
2. tu n'oublieras pas
3. j'aurai pris
4. je serai revenue
5. tout ira
6. J'aurai
7. je me serai reposé
8. tes grands-parents les auront vues
9. ils te donneront
10. tu ne partiras pas
11. tu ne sortiras
12. tu auras rangé
13. nous aurons contrôlé

7 Das Konditional

1
1. On habiterait
2. On aurait
3. cinq enfants ... joueraient
4. Ça ferait
5. Nous aurions
6. vous iriez
7. je ferais
8. Nous nous nourririons
9. Tu élèverais
10. je vous tricoterais
11. je pourrais
12. il n'y aurait pas
13. Nous vivrions
14. On se lèverait
15. on se coucherait
16. On ne serait plus
17. j'aimerais
18. je ne pourrais pas
19. Tu viendrais
20. on pourrait

2
1. nous n'aurions pas dû
2. Elle aurait travaillé
3. ne serait peut-être pas arrivée
4. Cela serait arrivé
5. qui auraient changé
6. Tu aurais pu
7. Tu aurais dû
8. j'aurais fait
9. Ça aurait été
10. vous vous seriez plaints
11. mes profs m'auraient donné

3 1. M 3 2. M 1 3. T 4. M 1 5. M 4/M 1 6. M 1 7. M 5
8. M 3 9. M 1/M 4 10. M 1 11. M 5/M 3 12. M 1 13. M 2 14. T

Test

I

je verrais	tu saurais	elle viendrait
nous ferions	vous connaîtriez	ils seraient
je m'assiérais	tu irais	il faudrait
nous courrions	vous pourriez	elles deviendraient
je construirais	tu achèterais	il répondrait
nous préférerions (préfèrerions)	vous paieriez (payeriez)	ils recevraient

II

1. Ce serait
2. vous me paieriez (payeriez)
3. il faudrait faire
4. il n'y aurait pas
5. vous auriez
6. je pourrais
7. Ça ferait
8. Vous ne viendriez pas
9. Ce serait
10. je suivrais
11. il dormirait
12. ça ne vous plairait pas
13. vous ne seriez pas obligé
14. je ne prendrais pas
15. J'aurais

III

1. Je prendrais un jus d'orange.
2. J'irais volontiers au cinéma.
3. Tu devrais plutôt mettre un autre pull.
4. Vous pourriez me dire où est la rue Zola?
5. Nous préférerions (préfèrerions) lire des bandes dessinées.

IV

1. Au cas où je ne serais pas là, sonne chez la voisine.
2. Avec davantage de travail, elle aurait réussi son examen/elle aurait réussi à son examen.
3. Sans cet accident nous serions arrivés à temps.

8 Das konditionale Satzgefüge mit *si*

1

1. on te donne / tu ne comprendras jamais
2. je ne pourrai même pas / vous m'accordez
3. tu achètes / tu auras
4. vous me payez / j'irai
5. tu fais / cela te permettra
6. je ne peux même pas
7. on parlera / tu obtiens
8. tu continues / on diminuera
9. Je trouverai / vous arrêtez

2

1. quand j'aurai / je partirai
2. si tu trouves / ne te retiendra
3. si je ne devrai pas commencer
4. Papa ne sera / si tu ne te concentres pas
5. Quand je demande / il me reproche / si je suis décidée / il n'est pas
6. je ne sais pas / si ma collègue ... pourra aider / Si tu y ranges / tu profiteras
7. Si nous avons / on rentrera / si je reçois / je t'inviterai.

3

2. Si j'avais déjà 18 ans, je pourrais conduire la voiture de papa.
3. Si Christiane et Claude avaient eu leur sac de couchage, ils seraient restés chez les copains.
4. Si la secrétaire avait un ordinateur, elle taperait les lettres en peu de temps.
5. Si Françoise avait connu quelqu'un du comité de fête, elle aurait pu participer au bal.
6. Si les parents avaient laissé partir Gilles, il aurait passé une semaine sur un bateau à voile.

7. Si Clotilde n'avait pas la grippe, elle s'amuserait avec ses copines à la piscine.
8. Si mes parents étaient d'accord, j'habiterais avec mon ami.
9. S'ils ne s'étaient pas disputés, ils seraient allés au théâtre.

4
2. Et si on mangeait une glace?
3. Et si vous aidiez à préparer une boum?
4. Et si on faisait un pique-nique ensemble?
5. Et si tu te taisais?
6. Et si tu me laissais dormir?
7. Et si on demandait au professeur de faire une excursion ensemble?

Test

I
2. f J'achèterai une voiture et un ordinateur, quand je gagnerai ...
3. i Si je n'avais pas eu tant de collègues aimables, j'aurais changé ...
4. a Quand mon grand-père fêtera ses 80 ans, il recevra ...
5. k J'écrirais un roman, si je faisais ...
6. c Si mes parents étaient plus libéraux, je pourrais faire ...
7. h Je saurais conduire un avion, si mon père était ...
8. b Je me demande, si mes parents me comprennent.
9. d S'il n'y avait pas le bac à préparer, j'aurais le temps ...
10. e Je ne sais pas, si à l'âge de 16 ans on peut ...

II
1. Si tu prends le volant, tu risques d'avoir un accident.
2. Si vous n'étiez pas restés à la maison, on aurait fait une excursion en bateau à voile.
3. Si tu avais su lire le plan, on serait arrivés à la tour Eiffel.
4. Si tu ne restes pas au lit, tu seras encore plus malade.
5. Et si on allait à la piscine?

9 Die Pronomen

1
1. n'importe quoi
2. Chacun
3. quelque chose
4. Personne n'
5. aucun ne (personne ne) / certains
6. Quelques-uns / certains
7. les uns / les autres
8. aucun
9. plusieurs

2
1. n'importe quoi
2. Certains
3. Tous
4. Aucun
5. l'un
6. l'autre
7. tous
8. quelques-uns
9. quelqu'un
10. rien
11. personne
12. Rien
13. autre chose
14. tous

3
1. Chacun est venu ...
2. On n'a rien ...
3. ... quelqu'un de sympathique.
4. Personne n'a appelé.
5. ... j'en ai plusieurs.
6. ... j'en ai d'autres.
7. ... tous traduits ...
8. ... quelques-uns ...

4
1. Prends celui de
2. Essaie celle de
3. Il m'a raconté ceci.
4. Celui-ci veut passer et celui-là veut se spécialiser
5. Celles-ci durent
6. Ce sont ceux qui viennent
7. Celui-ci ou celui-là?
8. C'est pour cela (ça) qu'elle
9. Celles d'hier étaient
10. Prends celui-là et moi celui-ci.

5
2. C'est la mienne.
3. Ce sont les vôtres.
4. C'est le tien?
5. une carte aux siens
6. avec les nôtres
7. aux siennes
8. des vôtres
9. c'est le sien
10. sont les leurs
11. sont les nôtres

6
1. St besser: prends les miennes
2. Gr pas le sien (oder: celui de Jean)
3. Gr les vôtres
4. Gr le mien
5. Gr c'est la mienne
6. St besser: la leur

Test

I
1. la sienne
2. sa veste
3. le tien
4. C'est celui d'Alexandre.
5. votre parapluie.
6. le mien
7. celui du monsieur
8. vos cigarettes
9. bien les nôtres
10. ceux d'Alexis
11. les siens
12. ceux qui

II
1. la mienne
2. Celles-là
3. les siennes
4. je n'en ai pas acheté un seul
5. Celles
6. Chacun
7. Certains ... d'autres
8. celles
9. des tiennes

III
1. celle-ci
2. les miennes
3. rien
4. celui / celui
5. quelqu'un
6. ceux
7. rien
8. quelque chose
9. les tiennes
10. d'autres / aucun
11. celle

10 Der Komparativsatz

1 1. L'Italie construit moins de voitures que la France.
2. L'Allemagne construit plus de voitures que la France.
3. Les Français achètent moins de voitures étrangères que les Allemands.
4. Les Allemands conduisent plus de voitures japonaises que les Français.
5. D'ailleurs, ce sont les Américains qui achètent le plus de voitures.
6. Ils ont autant d'embouteillages que les Européens.
7. C'est en Chine qu'il y a le moins de voitures.

2 1. plus de 200
2. est à moins de 3 km
3. moins de 30
4. font plus de 2 m
5. est à plus de 150 FF
6. est à moins de 200 m
7. plus de 150

3 1. autant de chevaux que
2. aussi rapides que
3. aussi vite qu'
4. aussi confortable que
5. autant de confort que
6. paie autant que

4 1. aussi chic que
2. autant de couleurs que
3. autant de boucles d'oreilles que
4. acheter autant qu'elle

Test

I 1. Les Allemands ont moins de chômeurs que les Français.
2. Mais quand même, nous avons plus de problèmes que les autres Européens.
3. Ce n'est pas vrai. Nous sommes beaucoup plus pauvres que les Allemands. Nous avons par exemple moins d'industrie que la Pologne.
4. Mais pourquoi est-ce que vous êtes (êtes-vous) si pessimistes? Nous tous, nous avons beaucoup plus de chances que nos grands-parents. Les Hongrois et les Polonais peuvent maintenant autant voyager (voyager autant) que les Français et les Hollandais.
5. Mais seulement, s'ils sont aussi riches que les Français et les Hollandais.

II 2. parlent moins de langues étrangères que les Polonais.
3. parlent le plus de langues étrangères.
4. plus de
5. Les Hollandais travaillent moins de 18 heures par semaine.
6. Ce sont les Polonais qui travaillent le plus.
7. autant de voitures que

8. ont le moins de voitures.
9. ont moins de voitures que les Polonais.
10. plus souvent à la lune que les Espagnols.
11. vont aussi souvent à la lune que les Hollandais.
12. vont le moins souvent sur la lune.

11 Die Formen des *subjonctif*

1
1. qu'on lise
2. que tu comprennes
3. que je paraisse
4. qu'ils soient
5. que tu deviennes
6. qu'ils veuillent
7. que nous essayions
8. qu'il sorte
9. que vous mangiez
10. qu'elle doive
11. qu'elles aillent
12. qu'on sache
13. que nous entendions
14. que j'aie
15. que vous préfériez
16. que je réfléchisse

Test

I
1. que vous m'aidiez
2. que vous soyez
3. que vous me racontiez
4. que nous préparions
5. que ce soit
6. que nous allions
7. que nous prenions
8. que votre menu soit arrosé
9. pour que nous digérions
10. que nous buvions
11. bien que ma femme m'interdise
12. que vous ne vous sentiez pas
13. que vous soyez
14. que vous changiez
15. que vous suiviez
16. qu'un régime me fasse

Satz: FROMM Verlagsservice GmbH, Idstein
Druck und Bindung: Gutmann GmbH, 74388 Talheim
Vertrieb: Cornelsen Verlag, Berlin
Printed in Germany
ISBN 3-589-20941-0
Bestellnummer 209410

Verwandelt man das Personenobjekt in ein Objektpronomen, ergibt dies:

Puis, je **la laisse** écouter sa musique préférée.	Das Objektpronomen wandert vor *laisser* bzw. *faire*.
Enfin, je **lui fais** dire une prière.	Bei *faire* handelt es sich um das indirekte Objektpronomen.

Das waren relativ viele Regeln auf einmal. Mal sehen, ob du sie schon umsetzen kannst.

6 Agathe fait du baby-sitting.
Agathe s'occupe de deux enfants, un garçon de sept ans et une fille de cinq ans. La semaine prochaine, elle va partir pour quelques jours. Sa copine va la remplacer. Agathe lui explique comment elle fait.
Vervollständige Agathes Erklärungen mit Hilfe der Angaben am Rand. Setze jedesmal, wenn es möglich ist, ein Objektpronomen ein.

1. «Dans un premier temps, je ______________________________ *(laisser regarder/des cassettes vidéos/les enfants)*
____
Ainsi je suis tranquille et je peux terminer mes devoirs.
2. Parfois (manchmal), ______________________________ *(laisser jouer au Minitel du père/le garçon)*
____
De toute façon, le vieux n'utilise jamais le Minitel.
3. S'il y en a un qui pleure, ______________________________ *(faire descendre dans la cave)*
____
4. Vers sept heures, ______________________________ *(faire manger du riz/les enfants)*
____
Ils ne veulent jamais manger les plats de légumes que la mère a préparés.
5. Après, ______________________________ *(faire ranger la cuisine/la fille)*
____
Tout de même, je ne suis pas la femme de ménage (Putzfrau).
6. Si les enfants sont trop turbulents, ______________________________ *(laisser boire un peu de vin rouge)*
____
Comme ça, ils se calment vite.

7.	Vers neuf heures, ______________________________ ______________________________	faire prendre une douche
8.	Quand ils sont au lit, ______________________________ jusqu'à onze heures.	laisser lire
9.	Parfois, la fille ne veut pas rester au lit. Alors, ______________________________	faire coucher sous le lit

Et tu vas voir, au bout de quelques secondes, mademoiselle rentre au lit et ne sort plus!!»

D Infinitive mit den Präpositionen *avant, après, pour* und *sans*

Unter bestimmten Umständen ist es besser, anstelle zweier Sätze nur einen Satz mit einer Infinitivergänzung zu gebrauchen:

D'abord vous buvez «Brasilia». Ensuite vous commencez votre journée de travail.	Buvez «Brasilia» **avant de commencer** votre journée de travail! ①
Vous prenez votre douche. Après, vous prenez «Crémalie».	Utilisez «Crémalie» **après avoir** pris votre douche! ②
Vous voulez arriver à l'heure? Prenez le métro!	Prenez le métro **pour arriver** à l'heure! ③
Vous achetez la «Nouvelle Génération» et vous ne perdrez pas votre temps.	Achetez la «Nouvelle Génération» **sans perdre** votre temps. ④

Es ist ganz klar, daß nicht nur Werbefachleute anstelle zweier Sätze lieber einen Satz benutzen, weil diese Formulierung knapper und stilistisch eleganter ist. Allerdings ist die Verbindung zweier Sätze nur unter bestimmten Voraussetzungen möglich:

1. Zwischen den beiden Sätzen, die miteinander verbunden werden, muß eine Beziehung bestehen:
   - eine temporale Beziehung wie in Satz ① und ②,
   - eine finale Beziehung wie in Satz ③ oder
   - eine modale Beziehung wie in Satz ④.
2. Beide Sätze müssen das gleiche Subjekt haben.

Außerdem mußt du bei der Bildung dieser Sätze folgendes beachten:

- Nach *après* steht immer der Infinitiv Perfekt.

  Après **être passée** au supermarché elle rentre chez elle.

- Nach *sans* steht manchmal der Infinitiv Perfekt.

  Je suis passé à côté de lui sans l'**avoir reconnu**.

- Die Elemente der Verneinung stehen geschlossen vor dem Infinitiv.

  Je prends le métro pour **ne pas** perdre de temps.

- Nur *avant* wird von *de* begleitet. Auf *après, pour* und *sans* folgt der Infinitiv direkt.

7 La mousse au chocolat – une recette qui réussit (gelingt) toujours.
Verbinde beide Sätze, indem du eine Infinitivergänzung benutzt, die mit der angegebenen Präposition beginnt.

1. Vous voulez faire fondre le chocolat? Il faut préparer un bain-marie (Wasserbad). (pour)

   Pour faire fondre le chocolat

2. Vous faites monter les blancs d'œufs en neige. Mais avant, vous séparez les blancs des jaunes. (avant)

3. Vous avez fait fondre le chocolat. Après vous ajoutez un peu d'eau. (après)

4. Ajoutez les jaunes d'œufs. Mais n'attendez pas trop longtemps. (sans)

5. Continuez votre préparation. Mais avant, prenez un autre saladier. (avant)

6. Versez la crème de chocolat dans ce saladier. Ajoutez après les blancs en neige par cuillère. (après)

7. Mélangez doucement la crème. Ainsi vous obtenez une mousse bien légère. (pour)

8. Vous avez terminé le mélange? Mettez la crème au frigidaire. (après)

Bon appétit!

Test

I Quel avenir pour Agathe?

Agathe est en troisième au collège. Bientôt, elle va passer au lycée. Mais elle ne sait pas quel type de bac(calauréat) elle devrait choisir. Elle va voir M. Delvaux, conseiller pédagogique. Voici leur discussion.

Setze die richtigen Verbformen und die erforderlichen Infinitivergänzungen ein.

M. Delvaux: Eh bien, Agathe, qu'est-ce que tu ____________________[1] (penser) faire dans la vie?

Agathe: Vous savez, M. Delvaux, pour dire la vérité, j'____________________[2] (avoir envie) ne rien faire. Bien sûr, mes parents veulent m' ________________[3] (obliger) apprendre un métier sûr . . . coiffeuse ou secrétaire. Quelle galère (Sklavenarbeit), ces métiers-là.

M. Delvaux: Tes parents ____________________[4] (avoir raison) s'occuper de ton avenir!

Agathe: Oui, mais je ______________[5] (préférer) me débrouiller toute seule. J'ai ______________[6] (apprendre) jongler, ___ marcher sur un fil, ___ faire quelques tours d'acrobatie. Je me suis _________________[7] (s'amuser) dresser notre chien.

M. Delvaux: Mmh, je te ___________[8] (voir) déjà travailler dans un cirque ou un cabaret.

Agathe: Ah merci, M. Delvaux, vous êtes quelqu'un qui _________________[9] (essayer) me comprendre. Mais dites-moi, comment est-ce que je vais _________________[10] (arriver) convaincre (überzeugen) mes parents?

M. Delvaux: Ecoute, Agathe, ______________[11] (il faut) être sérieux. A ton âge, moi aussi, j'ai ______________[12] (espérer) faire autre chose. Mais après le bac, j'ai compris. J'ai ________________[13] (arrêter) rêver et je __________________________[14] (se mettre) faire des études. Bien sûr, tu ______________________[15] (avoir le droit) avoir des projets fantaisistes . . .

Agathe: Non, et non, je ne veux plus en _________________[16] (entendre) parler. Vous aussi, vous m'____________________[17] (empêcher) faire qc d'intéressant.

M. Delvaux: Bon, Agathe, je ______________________[18] (promettre) réfléchir à ton problème.

| 18 points

II Le petit traducteur oder: Wie übersetzt man „lassen"?

1. Ich lasse die Schüler ihre schriftlichen Arbeiten (travaux écrits) korrigieren.
2. Lassen Sie Ihr Kind nicht zu viel fernsehen.
3. Ich lasse meine Kinder das Zimmer aufräumen.
4. Meine Eltern lassen mich mit meinem Freund verreisen. Aber sie lassen mich die Reise bezahlen.
5. Seit 1992 lassen wir die Reisenden ohne Kontrolle passieren.
6. Wo sind die Sprayer (les tagueurs)? Lassen Sie sie hereinkommen.

1. Un professeur: ______________________________

2. Un conseil: ______________________________

____

3. Une mère: ______________________________

4. Une jeune fille: ______________________________

____

____

5. Un douanier: ______________________________

____

6. Un commissaire: ______________________________

| 7 points

III Etre secrétaire – un métier de rêve?

Valérie vient d'avoir son diplôme. C'est sa première journée de travail. Son patron lui explique tout. Elle prend des notes (mitschreiben). A quatre heures de l'après-midi, elle n'en peut plus. Sa tête lui tourne.

Verbinde die Aktivitäten jeweils mit der passenden Präposition (*avant, après, pour* oder *sans*) zu einer Infinitivkonstruktion.

1. mettre les lettres à la poste – classer les photocopies
2. poser les lettres sur son bureau – trier le courrier (Post sortieren)
3. donner des renseignements au téléphone – avoir moins de clients au bureau
4. poser des questions dans des cas difficiles – ne pas oublier de chercher des renseignements sur l'ordinateur
5. organiser des conférences – prendre contact avec les chefs de départements (Abteilungsleiter)
6. prendre ma pause à midi – puis préparer du café pour le chef
7. ne pas rester trop longtemps en dehors de mon bureau – pouvoir répondre au téléphone
8. travailler vite – ne pas faire de fautes

1. Après avoir mis les lettres à la poste, je vais classer les photocopies.
2. ____

____
3. ____

____
4. ____

____
5. ____

____
6. ____

____
7. ____

____
8. ____

| 8 points

4 Das Adjektiv
L'adjectif

A Wechselnde Bedeutung bei Voran- und Nachstellung
B Adjektive mit Ergänzung

A Wechselnde Bedeutung bei Voran- und Nachstellung

Wie du schon weißt, gibt es Adjektive, die ihren Platz grundsätzlich vor dem Nomen haben (un **petit** chien), und solche, die hinter dem Nomen stehen (un roman **intéressant**).*
In diesem Abschnitt geht es um Adjektive, die sowohl vor als auch hinter dem Nomen stehen können – je nach Stellung ändert sich aber ihre Bedeutung. Einige dieser Adjektive kennst du bestimmt schon.

Ma **chère** Françoise!
Meine liebe Françoise!

La Peugeot 605 est une voiture **chère**.
Der Peugeot 605 ist ein teures Auto.

Am besten lernst du die folgenden Adjektive gleich mit ihrer unterschiedlichen Bedeutung. Es sind allerdings nur die wichtigsten aufgeführt.

avant le nom	adjectif	après le nom
un **ancien** collègue (ein ehemaliger Kollege)	ancien,ne	une locomotive **ancienne** (eine alte Lokomotive)
un **certain** âge (ein gewisses Alter)	certain,e	un résultat **certain** (ein sicheres Resultat)
le **dernier** bus (der letzte Bus)	dernier, dernière	l'année **dernière** (das vorige Jahr)
un **méchant** rhume (eine schlimme Erkältung)	méchant, e	un chien **méchant** (ein bösartiger Hund)
un **pauvre** type (ein bedauernswerter Typ)	pauvre	un pays **pauvre** (ein armes Land)

* → Besser in Französisch, Grammatik 7. Schuljahr, Kapitel 12C

mon **propre** cahier (mein eigenes Heft)	propre	une serviette **propre** (eine saubere Serviette)
un **sacré** menteur (ein verdammter Lügner)	sacré,e	un endroit **sacré** (ein heiliger Ort)
une **sale** affaire (eine üble Sache)	sale	une assiette **sale** (ein schmutziger Teller)
une **seule** fois (ein einziges Mal)	seul,e	une personne **seule** (eine einsame Person)
un **vrai** problème (ein regelrechtes Problem)	vrai,e	une histoire **vraie** (eine wahre Geschichte)
différentes* personnes (verschiedene Personen)	différent,e	des opinions **différentes** (unterschiedliche Meinungen)

* *Différentes* ist hier wie *les/des personnes* Begleiter.

1 Que veut dire . . .?
Übersetze die folgenden Formen, und kreuze dazu an, ob das Adjektiv vor oder nach dem Nomen steht. Vergiß nicht, die richtigen Begleiter zu setzen.

	vor	nach	
1. im vorigen Monat	☐	☐	______
2. eine bedauernswerte Familie	☐	☐	______
3. alte Möbel	☐	☐	______
4. zwei unterschiedliche Sachen	☐	☐	______
5. ein sauberes Hemd	☐	☐	______
6. eine üble Geschichte	☐	☐	______
7. eine bösartige Person	☐	☐	______
8. unser eigenes Auto	☐	☐	______
9. ein regelrechtes Geschenk	☐	☐	______
10. eine sichere Information	☐	☐	______
11. sein einziger Freund	☐	☐	______
12. ein verdammter Lügner	☐	☐	______

Bevor du dich an die nächste Übung machst, solltest du dir die allgemeine Regel für die Stellung der Adjektive noch einmal vergegenwärtigen, denn nun werden alle Möglichkeiten gemischt.

Die meisten Adjektive stehen hinter dem Nomen. Nur wenige, meist einsilbige Adjektive wie *petit*, *grand* oder *joli* stehen vor dem Nomen.

2 Un drôle de voisin . . .
Trage die Adjektive entsprechend der Regel bzw. ihrer Bedeutung an der richtigen Stelle vor oder hinter dem Nomen ein. Dabei mußt du das Adjektiv natürlich dem Nomen, auf das es sich bezieht, angleichen.

Mme Grandcœur, une ___________ locataire[1] ___________	vieux[1]
au numéro 50 de l'avenue Coulaincourt est une	
______________________ femme[2] ______________________.	très curieux[2]
Elle n'a jamais compris pourquoi son ______________	nouveau[3]
voisin[3] ______________ ne sort presque jamais, ne reçoit pas	
de visites . . . rien. Mais maintenant elle sait: c'est un ________	seul[4]
homme[4] ________. Il y a quelques années, il avait un	
________________ poste[5] ________________ dans la police;	important[5]
il était engagé dans la ________________ lutte[6] (Kampf)	dangereux[6]
________________ contre la drogue. «Vous savez, la drogue,	
c'est une ________ affaire[7] ________ », raconte-t-il. «J'ai recherché	sale[7]
un ______________ homme[8] ______________, qui employait des	très riche[8]
___________ types[9] ___________ pour vendre ________________	pauvre[9]
sortes[10] ________________ de drogues. Ces ___________ gens[11]	différent[10]
___________ étaient sous son contrôle parce qu'une ________	jeunes[11]
fois[12] ________ qu'ils avaient commencé à prendre cette	seul[12]
______________ chose[13] ______________ ils en devenaient	méchant[13]
dépendants.»	
«Et vous avez pu arrêter ce ___________ criminel[14] ___________?»	grand[14]
demande Mme Grandcœur. «Eh non», répond le commissaire d'un	
___________ air[15] ___________. «Au contraire, j'ai trouvé que mon	triste[15]
___________ fils[16] ___________ faisait ce ___________ boulot[17]	propre[16]
(Job) ___________. Alors là, j'ai abandonné mon poste, j'ai pris ma	sacré[17]

retraite (in Rente gehen). J'essaie d'oublier et de commencer une

_____________ vie[18] ______________.» Mme Grandcœur ne sait nouveau[18]

pas comment répondre: «Oh la la, la drogue, c'est une

___________ épidémie[19] ___________!!» vrai[19]

B Adjektive mit Ergänzung

Du weißt, daß Ergänzungen bei den Verben häufig mit *à* und *de* angeschlossen werden. Auch bei einer Reihe von Adjektiven werden Ergänzungen mit diesen Präpositionen angefügt.
In diesem Abschnitt sind die gebäuchlichsten Adjektive mit Ergänzungen zusammengestellt – aber auch dies ist nur eine Auswahl. Wenn du in Zukunft ein neues Adjektiv kennenlernst, ist es darum das beste, gleich die zugehörige Präposition mitzulernen.

- **Ergänzungen mit *de***

Bei den meisten Adjektiven, die eine Ergänzung bei sich haben, wird diese mit der Präposition *de* angeschlossen.

Adjektiv + ***de*** + nominale Ergänzung

Paulette est **amoureuse de** Paul.	(verliebt in)
Paul est **jaloux de** Victor.	(eifersüchtig auf)
L' Allemagne est **différente de la** France.	(verschieden von)
Les falaises sont **caractéristiques de la** côte.	(charakteristisch für)
Les crêpes sont un plat **typique de la** Bretagne.	(typisch für)
Ta copie (Arbeit) est **pleine de** fautes.	(voll von)
Mon grand-père est **âgé de** 80 ans.	(Jahre alt)
Cet appartement est **large de** 60 mètres carrés.	(groß)
Le corridor est **long de** trois mètres.	(breit)
Les murs sont **hauts de** deux mètres.	(hoch)

Adjektiv + ***de*** + nominale Ergänzung / Infinitiv-Ergänzung

Notre professeur est **capable de** compréhension. Il est **capable de** comprendre nos problèmes.	(fähig zu)
Je suis **étonné/surpris de** son comportement. je suis **étonné/surpris de** le renconter.	(überrascht/erstaunt über)

Ma mère est **heureuse de** mon retour. Elle est **heureuse de** pouvoir m'embrasser.	(glücklich über)
Mon père est **content de** mes connaissances. Il est **content de** pouvoir discuter avec moi.	(froh über/zufrieden mit)
Mon frère est **fier des** timbres que j'ai apportés. Il est **fier de** pouvoir montrer les timbres aux autres.	(stolz/auf)

- **Ergänzungen mit *à***

Bei manchen Adjektiven wird die Ergänzung mit der Präposition *à* angeschlossen.

Adjektiv	+	***à***	+	nominale Ergänzung Infinitiv-Ergänzung

Paulette est **fidèle à** Victor.	(treu)
L' Autriche est un peu **pareille à** l' Allemagne.	(ähnlich)
Le squash est **comparable au** tennis.	(vergleichbar mit)
Rouler à 80 km/h en ville est **contraire au** code de la route (Straßenverkehrsordnung).	(im Widerspruch zu)
Je ne suis pas **prêt,e à** payer les amendes (Bußgeld).	(bereit zu)

- **Ergänzungen mit *avec*, *pour* oder *envers***

Bei Adjektiven, die ein Verhalten einer Person gegenüber beschreiben, wird die Ergänzung mit *avec*, *pour* oder *envers* eingeleitet.

être	bon sévère	avec/envers qn	(gut zu) (streng zu)
	méchant	avec/envers qn	(böse, boshaft zu)
	gentil	avec qn	(nett zu)
	charmant im/poli	avec/envers qn	(liebenswürdig zu) (un/höflich zu)

Nur mit *pour* wird die Ergänzung bei folgenden Adjektiven angeschlossen:

être	célèbre réputé	pour qc	(berühmt, bekannt für)

Die Präposition *en* mußt du dir hier nur im Zusammenhang mit dem Adjektiv *fort* merken.

Il est **fort en** sport.	(stark, gut in)

3 Une coupe surprise.

Was ist schon ein Eisbecher ohne Garnierung? In der Eisschale findest du die Adjektive für diese Übung – und zum Garnieren hast du einige Präpositionen zur Auswahl. In einigen Fällen mußt du den unbestimmten Artikel hinzufügen. Denke auch daran, die Adjektive den Nomen anzugleichen.

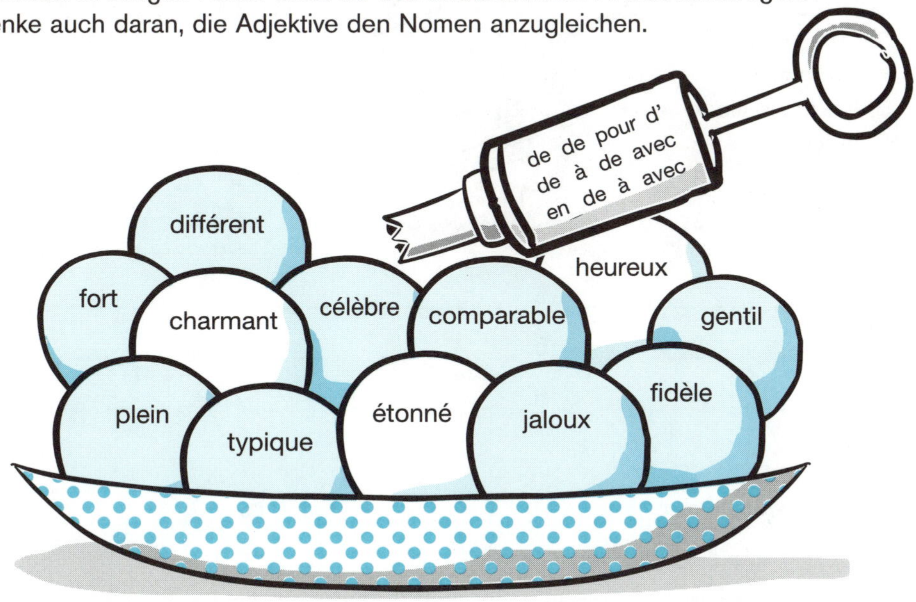

1. La crêperie «Boule de neige» est ____________ ________ ses glaces et ________ ses crêpes, bien sûr.
2. Mais c'est une crêperie bien ____________ _____ autres cafés de la ville.
3. Chaque après-midi, elle est __________ _____ jeunes gens du lycée d'en face.
4. Ils sont __________ _____ patron qui est très __________ ________ eux.
5. Des coupes de glace énormes, des prix raisonnables (vernünftig), de la musique qui plaît aux jeunes, tout ça c'est ____________ ________ «Boule de neige».
6. En plus, cette crêperie est presque ___________ _____ une M. J. C.
7. Il ne faut pas être __________ _____ voir le patron en discussion avec les jeunes.
8. Autrefois (früher), il était ________ _____ philosophie.
9. Parfois, sa femme est __________ _____ lui parce qu'il est trop _______________ ________ les jeunes filles qui ont des problèmes à la maison.
10. Bien sûr, les jeunes filles sont _______________ _____ avoir quelqu'un à qui parler. Et puis, il y a des coupes surprise!!

4 Quel adjectif correspond à quelle préposition?
Füge die Adjektive und Präpositionen richtig zusammen.

1. sévère
2. fort,e
3. comparable
4. fier, fière
5. caractéristique
6. fidèle
7. poli,e
8. jaloux,se
9. célèbre

à
de
avec
pour
en
envers
à
de
de

1. ____________________ 4. ____________________ 7. ____________________

2. ____________________ 5. ____________________ 8. ____________________

3. ____________________ 6. ____________________ 9. ____________________

Test

I Du hast nun die Besonderheiten einer Reihe von Adjektiven kennengelernt. Nun sollst du dein Können unter Beweis stellen. Ergänze für jedes Adjektiv die zutreffende Übersetzung und – wenn vorhanden – die zugehörige Präposition.

	avant le nom		après le nom		préposition
1. méchant,e	X	schlimm	X	bösartig	avec, envers
2. fier, fière					
3. âgé,e					
4. certain,e					
5. large					
6. pareil,le					
7. vrai,e					
8. ancien,ne	X	ehemalig	X	alt	–
9. célèbre					
10. sacré,e					
11. surpris,e					

| 9 points

II Le petit traducteur.
Mme Grandcœur vertraut ihrer Freundin Mme Rioux einiges über ihren neuen Nachbarn an.

1. Er ist ein ehemaliger Kommissar, der für seinen Mut sehr berühmt war.

____

____

2. Er ist 55 Jahre alt.

____

3. Er war sehr streng gegenüber seinen Kollegen.

____

4. Er war immer sehr glücklich, den armen Schluckern (types) zu helfen.

____

____

5. Dieses Verhalten (comportement *m*) war charakteristisch für ihn.

____

6. Aber im vorigen Jahr hat er entdeckt, daß sein eigener Sohn Drogen verkauft.

____

____

7. Seit diesem Moment war er nicht mehr bereit, seinen Job (boulot *m*) weiterzumachen.

____

____

| 14 points

5 Das Adverb
L'adverbe

A Ursprüngliche und abgeleitete Adverbien
B Der Unterschied zwischen Adverb und Adjektiv
C Adverbial gebrauchte Adjektive
D Die Stellung des Adverbs im Satz

A Ursprüngliche und abgeleitete Adverbien

Bisher hast du schon eine recht ansehnliche Zahl einfacher oder ursprünglicher Adverbien kennengelernt.* Die folgenden sind dir inzwischen bestimmt geläufig.

Adverbien		
der Zeit	alors	also, nun
	après	nach, danach
	aujourd'hui	heute
	avant	vorher, davor
	d'abord	zuerst
	demain	morgen
	enfin	schließlich
	ensuite	dann
	maintenant	nun
	parfois	manchmal
	souvent	oft
	tard	spät
	tôt	früh
	toujours	immer
	tout à coup	plötzlich
	tout de suite	sofort
des Ortes	ensemble	zusammen
	ici	hier
	là; là-bas; là-haut	dort; dort unten; dort oben
	loin	weit
	partout	überall

* → Besser in Französisch, Grammatik 8. Schuljahr, Kapitel 5

Adverbien		
der Menge/ des Grades	assez	genug
	beaucoup	viel
	encore	noch
	déjà	schon
	peu	wenig
	très	sehr
	trop	zu, zu viel
der Art und Weise	bien	gut
	mal	schlecht
	vite	schnell

1 Un couple ou une famille?
Manche der genannten Adverbien bilden inhaltlich Gegensatzpaare ↔, andere lassen sich zu Familien mit drei oder vier Mitgliedern zusammenstellen. Ordne sie entsprechend, denn so kannst du sie dir am besten merken.

1. ________ souvent ________
2. bien ↔ ________
3. ________ ↔ tard
4. hier ________ ________
5. ________ ________ partout
6. ________ ________ ________ trop
7. avant ↔ ________
8. ________ ________ ________ enfin
9. déjà ________

10. ________
11. ________
12. ________
13. ________
14. ________
15. ________
16. ________

Im Unterschied zu diesen „ursprünglichen“ Adverbien gibt es andere, die von Adjektiven abgeleitet werden – man nennt sie darum auch „abgeleitete“ Adverbien.

Il y a 30 ans, la communication téléphonique avec les pays étrangers était **lente**.
Elle fonctionnait **lentement**.
Aujourd’hui, elle est **rapide**.
On communique **rapidement**, même avec les pays les plus éloignés.

Das Grundprinzip ist ganz einfach: An die feminine Form des Adjektivs wird die Silbe *-ment* angehängt. Ansonsten bleiben Adverbien unverändert.

Ein paar Besonderheiten gibt es allerdings doch zu beachten:

1. Adjektive, die in der maskulinen Form auf

-ai -i -u	} enden, bilden das Adverb auf der Basis dieser maskulinen Form.	⇒ ⇒ ⇒	vr**ai** pol**i** absol**u**	– vr**ai**ment – pol**i**ment – absol**u**ment

Die Ausnahme dieser Ausnahme: gai,e (lustig) → gai**e**ment.

2. Fast alle Adjektive, die auf

-ent -ant	} enden, bilden das Adverb auf	{ -emment -amment	⇒ ⇒	différent – différ**emment** suffisant – suffis**amment**

Ausnahme: lent,e → lentement.

3. Bei den Adjektiven

énorme précis,e profond,e	} wird aus dem *e* ein *é*.	⇒	énorm**é**ment précis**é**ment profond**é**ment

4. Schließlich mußt du dir noch die folgenden Sonderformen merken:

gentil,le bref, brève grave (schlimm, schwer) rapide	⇒	genti**m**ent bri**è**vement gri**è**vement (gravement) vite (rapidement)

2 Fülle die Lücken aus.

	adjectif		adverbe	
	masculin	féminin	français	allemand
1.	dur			
2.			facilement	
3.		jolie		
4.	mauvais			
5.	naturel			
6.		évidente		
7.	libre			
8.			grièvement	
9.	prudent			vorsichtig
10.		relative		
11.	gai			
12.			vite	
13.		brillante		
14.	sérieux			
15.	complet			

* keine Müdigkeit vorschützen

3 Les touristes à la plage.
Für die folgende Übung sind die ursprünglichen Adverbien sowie die Adjektive, von denen du die Adverbien noch ableiten mußt, vorgegeben. Deine Aufgabe ist es, die Adverbien sinngemäß und in der richtigen Form einzusetzen.

déjà	rapide	partout	complet	léger	trop	mauvais	sérieux	tôt
évident	vrai	grave	brusque	ensuite	direct	bruyant		

Un vieux pêcheur raconte:

«Les touristes arrivent ________[1] le matin. ________________[2], ils descendent de leurs voitures. ______________[3], ils cherchent une place qui n'est pas ________[4] à l'ombre (Schatten). La plupart d'entre eux sont ________[5] habillés ________________[6]. Ils se mettent ___________________[7] au soleil. ___________________[8], les habitants de la côte ne comprennent pas ce comportement. Ils savent que par un coup de soleil on peut tomber ________________[9] malade. Très ________[10], il y a des bouteilles, des sacs en plastique, des papiers ______________[11]. Surtout les jeunes ne savent ________________[12] pas se comporter. Ils mettent la nature ______________________[13] en danger. Et si, par exemple, un pêcheur réagit un peu ______________________[14], ils le comprennent ________[15].»

* bescheuert

B Der Unterschied zwischen Adverb und Adjektiv

Adjektiv	Adverb
a) Pierre est **rapide**. b) Il aime les voitures **rapides**.	a) Pierre rentre **rapidement** à la maison. b) **Malheureusement**, il a un accident. c) Il est allé **trop** vite. d) La réparation est **terriblement** chère.

Das Adjektiv dient zur näheren Beschreibung eines Nomens.
Es kann
a) prädikativ (vor allem mit den Verben *être*, *devenir*, *rester*, *sembler/paraître*) und
b) attributiv
gebraucht werden.

In jedem Fall wird das Adjektiv in Geschlecht und Zahl dem Nomen angeglichen.

Das Adverb dient zur näheren Beschreibung
a) eines Verbs,
b) eines Satzes,
c) eines anderen Adverbs oder
d) eines Adjektivs.

In jedem Fall bleibt das Adverb unverändert erhalten.

4 Un reportage de la cinquième étape du Tour de France.
Unterstreiche im folgenden Text alle Adjektive und Adverbien mit zwei unterschiedlichen Farben, und bestimme dann ihre Funktion im Satz.

	adjectif		adverbe			
	a	b	a	b	c	d
1. La cinquième étape du Tour de France paraissait difficile.						
2. Le Belge a brillamment défendu le maillot jaune.						
3. Les coureurs antillais* se sont bien battus.						
4. Physiquement, ils sont assez forts.						
5. Espérons que le temps reste stable.						
6. Maintenant, il faut attaquer la haute montagne.						
7. C'est là où les coureurs vont vraiment souffrir.						
8. Ces étapes seront effectivement dures.						
9. La victoire (Sieg) dans la montagne peut être décisive.						
10. On va voir si le Belge restera toujours favori.						

* die Fahrer aus den Antillen

C Adverbial gebrauchte Adjektive

In Verbindung mit bestimmten Verben übernehmen Adjektive die Rolle eines Adverbs. Genauso wie die Adverbien sind sie dann unveränderlich und stehen immer hinter dem zugehörigen Verb.
Zum Glück ist die Liste dieser Wortverbindungen nicht allzu lang. Hier sind die wichtigsten, die du dir unbedingt merken solltest.

Adverbial gebrauchte Adjektive	
acheter **français/anglais/. . .**	(nur französische/englische/. . . Waren kaufen)
parler **bas/fort/allemand . . .**	(leise/laut/deutsch . . . sprechen)
chanter **juste/faux**	(richtig/falsch singen)
sentir **bon/mauvais/fort**	(gut/schlecht/stark riechen)
coûter/acheter/payer **cher**	(teuer sein/kaufen/bezahlen)
gagner **gros**	(viel verdienen)
marcher **droit**	(aufrecht gehen)
aller tout **droit**	(geradeaus gehen/fahren)
travailler **dur**	(hart arbeiten)

Umgekehrt können die Adverbien *bien*, *mieux*, *(pas) mal* in Verbindung mit *être* auch als Adjektive gebraucht werden, jedoch nur bei bestimmten Bedeutungen:

Tes exercices sont **bien**.	(anständig, ordentlich)
Les chanteurs du groupe «Porte 53» ne sont **pas mal**.	(nicht schlecht)
Le malade est **mieux** ce matin.	(es geht ihm besser)

Natürlich bleiben die adjektivisch gebrauchten Adverbien unverändert.

5 Die Wortverbindungen sind hier nicht alle richtig. Berichtige – wenn notwendig – entweder das Verb oder das als Adjektiv gebrauchte Adverb.

	juste	faux	corrigé
1. gagner facile	☐	☐	______________
2. acheter faux	☐	☐	______________
3. parler français	☐	☐	______________
4. aller mauvais	☐	☐	______________
5. chanter fort	☐	☐	______________
6. sentir dur	☐	☐	______________
7. coûter gros	☐	☐	______________
8. être bon marché	☐	☐	______________

D Die Stellung des Adverbs im Satz

Als Grundregel für die Stellung des Adverbs kannst du dir merken:

Das Adverb steht **hinter** dem konjugierten Verb.

	konjug. Verb	Adverb	Infinitiv	Ergänzung
A l'école,	on apprend	**beaucoup**.		
Mais à la télé,	on peut	**également**	apprendre	pas mal de choses.
Au 18e siècle,	on apprenait	**seulement**		l'orthographe et le calcul*.

Diese Grundregel gilt für:
- Adverbien der unbestimmten Zeit: *encore*, *déjà*, *souvent*, *toujours*, . . .
- Adverbien der Menge: *beaucoup*, *trop*, *peu*, . . .
- Adverbien der Art und Weise: *bien*, *mieux*, *mal*, . . .
- die abgeleiteten Adverbien.

Bei den zusammengesetzten Zeiten **können** diese Adverbien auch hinter dem Partizip oder dem Infinitiv stehen.
Die Adverbien *tôt*, *tard*, *avant*, *après*, *ensemble* **müssen** bei zusammengesetzten Zeiten hinter dem Partizip oder dem Infinitiv stehen.

Après la soirée dansante, ils sont **rentrés tard**.
C'était chouette, on pouvait **jouer ensemble**.

- Adverbien des Ortes und der bestimmten Zeit stehen am Anfang oder am Ende des Satzes.

– Tu pars au sud de la France?
– Oui. **Là-bas**, les gens sont plus accueillants (offenherzig).
Je pars **demain**.

- Adverbien, die einen Satz näher bestimmen *(malheureusement, . . .)* oder Sätze verknüpfen *(puis, alors, tout à coup, . . .)*, stehen natürlich am Anfang des Satzes und werden durch ein Komma abgetrennt.

Curieusement, les cambrioleurs n'ont pas trouvé le coffre-fort.
Alors, ils sont partis sans rien faire.

Aber aufgepaßt: Du darfst nicht mit dem Englischen durcheinandergeraten. Im Französischen steht das Adverb **nie** vor dem konjugierten Verb!

* Schreiben und Rechnen

6 Les affiches, les panneaux, les modes d'emploi . . .
Was wären Anzeigen, Hinweisschilder, Gebrauchsanleitungen ohne Adverbien! Allerdings muß ihre Stellung im Satz stimmen.

1. LE PIQUE-NIQUE EST INTERDIT/ ICI / STRICTEMENT

2. Vous avez bu? Ne prenez pas le volant./trop

3. *Nous nous engageons (verpflichten) sur la qualité de nos produits. /solennellement (feierlich)*

4. NOTRE MAGASIN RESTE FERMÉ en raison d'une fête familiale. /malheureusement

5. ! Si vous rentrez, fermez cette porte à clé!/tard

6. JOUEZ AU LOTO, vous pouvez y gagner/gros

7. Après ouverture, conservez <u>au frais.</u> /continuellement

8. Vous allez aux Etats-Unis? Louez et conduisez / ici / là-bas

Test

I C'est toi, l'interprète!
Anläßlich der Tour de France wird auch ein deutscher Radsportler interviewt. Für das französische Fernsehen muß das Interview natürlich übersetzt werden. Achte beim Übersetzen darauf, ob die Sätze Adjektive oder Adverbien enthalten und welche Stellung diese im Satz einnehmen.

1. Diese Etappe war für mich eine große Anstrengung (effort *m*).

   ____

2. Ich habe mit dem zehnten Platz absolut nicht gerechnet. (mit etwas rechnen, hier: espérer qc)

   ____

3. Das Tempo (vitesse *f*) war gleichmäßig (constant) schnell.

   ____

4. Direkt (juste) vor mir hat sich ein Fahrer (coureur *m*) schwer verletzt.

   ____

5. Glücklicherweise konnte ich ausweichen (éviter qn).

   ____

6. Meine Mannschaft (équipe *f*) ist wirklich stolz auf mich.

   ____

7. Morgen werde ich früh aufstehen, um für die sechste Etappe in Form zu sein.

   ____

   ____

Zwei Punkte pro Satz – ein Punkt Abzug pro Fehler.

| 14 points

II Que veut dire le dessinateur?

Finde zu den folgenden Abbildungen jeweils die richtige Beschreibung. Hilfestellung geben dir die beiden „Schatztruhen“. In der ersten befinden sich die notwendigen Verben. Die zweite enthält die Adjektive (einige mußt du in Adverbien umformen) und ein paar ursprüngliche Adverbien.

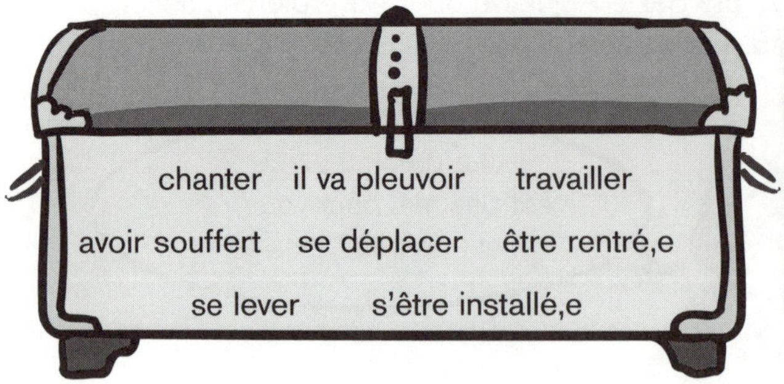

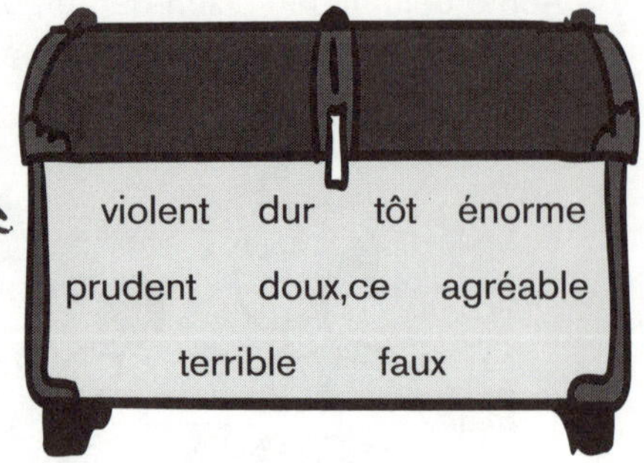

1. Il travaille dur.

2. Elle ______________________

3. ______________________

4. ______________________

5. ______________________________
____

6. ______________________________
____

7. Demain ______________________________
____

8. ______________________________
____

Zwei Punkte pro Satz – ein Punkt Abzug pro Fehler.

| 14 points

III Fais le bon choix, mais choisis bien!
Entscheide zwischen *bon* und *bien*.

1. Comme ce fromage sent ___________!
2. Il parle ___________ espagnol.
3. Ces melons sont ___________, mieux que les ananas.
4. Nous avons ___________ fait de prendre la bicyclette, il y a des embouteillages partout.
5. C'est ___________ d'être à la plage.
6. Eh ___________, qu'est-ce que tu fabriques là?

| 6 points

6 Das Futur
Le futur

A Das Futur I *(le futur simple)*
B Das Futur II *(le futur antérieur)*

A Das Futur I *(le futur simple)*

Il pleut encore!
Qu'est-ce que nous **allons** bien **faire**?
C'est la deuxième semaine!
L'an prochain, nous **passerons** nos vacances dans le sud!

Das *futur composé*, mit *aller* + Infinitiv gebildet, ist dir inzwischen sicher geläufig. Neben dieser zusammengesetzten Form des Futurs gibt es auch eine einfache Form, das *futur simple*.
Während das *futur composé* vor allem für nah bevorstehende Vorgänge benutzt wird, kennzeichnet das *futur simple* auch solche, die in fernerer Zukunft liegen. Außerdem drückt das *futur composé* meist eine größere Gewißheit aus, während das *futur simple* auch Vorgänge bezeichnet, die noch unbestimmt sind.
Der Gebrauch dieser beiden Formen überschneidet sich aber häufig, da das *futur composé* in der Umgangssprache bevorzugt wird.

Nicht nur in diesem „Doppelangebot", auch in der Verwendung unterscheidet sich das französische Futur vom deutschen.
Vergleiche:

L'an prochain, nous **irons** dans le sud.	Nächstes Jahr **fahren** wir in den Süden.

Wenn der Zusammenhang eindeutig ist, wird im Deutschen das Futur meistens durch das Präsens wiedergegeben.

Darüber hinaus kann das *futur simple* auch imperativen Charakter haben.

D'abord, tu **rangeras** ta chambre!	Zuerst räumst du dein Zimmer auf!
Tu ne **tueras** point.	Du sollst nicht töten.

Die regelmäßigen Formen des Futur I

Die Bildung des Futur I ist nicht schwierig, denn die Personalendungen sind immer gleich. Sie lauten:

-rai -ras -ra -rons -rez -ront

- **Verben auf *-er***

Bei den regelmäßigen Verben, die auf *-er* enden, nimmst du die 1. Person Singular des Präsens und fügst die Endungen des *futur simple* an.

infinitif	présent: je/j'	futur simple	
regarder	**regarde**	je	regarde**rai**
		tu	regarde**ras**
		elle/il	regarde**ra**
		nous	regarde**rons**
		vous	regarde**rez**
		elles/ils	regarde**ront**
acheter	**achète**	j'	achète**rai** . . .
jeter	**jette**	je	jette**rai** . . .
payer	**paie**	je	paie**rai** . . . Nebenform: je payerai
			(Die Verben auf *-ayer* können das *y* in allen Formen behalten.)

Schreiten wir also gleich zur Tat.

1 Konjugiere das Verb *arriver* im *futur simple*.

je ______ tu ______ elle ______

nous ______ vous ______ ils ______

- **Verben auf *-ir***

Bei den Verben auf *-ir* gehst du vom Infinitiv ohne *-r* aus und fügst die Endungen des *futur simple* an.

infinitif	futur simple	
fini r	je	fini**rai**
parti r	tu	parti**ras**
ouvri r	elle	ouvri**ra**
sorti r	il	sorti**ra**

- **Verben auf *-re***

Bei den Verben auf *-re* gehst du vom Infinitiv ohne *-re* aus.

infinitif	futur simple	
li re	nous	li**rons**
boi re	vous	boi**rez**
descend re	elles	descend**ront**
rend re	ils	rend**ront**

2 Tu m'aimeras toujours?

Elle: Tu m' __________[1] (écrire)?

Lui: Mais oui, je t'__________[2] (écrire)!

Elle: Tu __________[3] (penser) à m'appeler?

Lui: Quelle question! Je t'______________[4] (appeler).

Elle: Tu ______________________[5] (ne pas oublier) de donner la lettre de mes parents à tes parents avec leur invitation pour Noël?

Lui: Tu penses bien que je ______________________[6] (ne pas oublier).

Elle: Tu crois (glauben) qu'ils ____________[7] (dire) oui?

Lui: Je vais tout faire pour: Je __________________[8] (travailler) mieux. Je ___________________[9] (ne pas sortir), je ___________________[10] (ne plus jouer) avec mes jeux électroniques, j'______________[11] (arrêter) le foot.

Cette année, quand mon bulletin (Zeugnis) ______________[12] (arriver), mes notes _______________[13] (étonner, erstaunen) mes vieux et ils __________[14] (dire) oui et amen à tout ce que je leur ___________________[15] (demander)!

3 M. et Mme Lehaut vont au théâtre.
Avant de sortir, ils font leurs recommandations aux enfants.

1. Vous n'_______________ (ouvrir) à personne.
2. Vous _____________ (mettre) la chaîne devant la porte.
3. Toi, Benjamin, tu __________________________ (ne pas regarder) la télé jusqu'à minuit.
4. Et toi, Nathalie, tu __________________________ (ne pas bloquer) la salle de bains pendant des heures.
5. Les garçons, vous _____________ (mettre) la table avec votre sœur.
6. Et vous _______________________ (ne pas oublier) de préparer vos cartables pour demain.
7. Nous ________________ (rentrer) vers minuit et si je vous vois encore debout à notre retour, je ____________________ (se fâcher).

Die unregelmäßigen Formen des Futur I

Selbstverständlich tanzen *avoir* und *être* wieder aus der Reihe. Ihre Formen sowie die von einigen anderen unregelmäßigen Verben mußt du auswendig lernen. Aber auch hier sind die Endungen immer gleich.

	être		avoir
je	serai	j'	aurai
tu	seras	tu	auras
elle/il	sera	elle/il	aura
nous	serons	nous	aurons
vous	serez	vous	aurez
elles/ils	seront	elles/ils	auront

Weitere unregelmäßige Verben:

aller	j'irai	mourir	je mourrai
faire	je ferai	tenir	je tiendrai
courir	je courrai	venir	je viendrai

Am besten lernst du diese Verben paarweise oder in kleinen Einheiten. Hier ist das nächste Verbpaket:

savoir	je saurai	pouvoir	je pourrai
devoir	je devrai	vouloir	je voudrai
pleuvoir	il pleuvra	envoyer	j'enverrai
falloir	il faudra	apercevoir	j'apercevrai (erblicken)
voir	je verrai	s'asseoir	je m'assiérai

Bei einigen Verben, die auf *-er* enden, gibt es noch eine Besonderheit zu beachten. Verben wie

préférer (vorziehen), compléter (vervollständigen), espérer (hoffen), répéter (wiederholen) . . .

haben im Präsens zwei unterschiedliche Stämme:

je préf**è**re	nous préf**é**rons
tu exag**è**res	vous exag**é**rez (übertreiben)

Bei diesen Verben wird das *futur simple* vom Infinitiv abgeleitet, obgleich das *é* [ɛ] (wie bei *merci*) ausgesprochen wird. Es heißt also:

je préf**é**rerai	nous préf**é**rerons
tu exag**é**reras	vous exag**é**rerez

Die Schreibweise mit è wird jedoch geduldet. Du machst also keinen Fehler, wenn du *je préfèrerai* schreibst.

4 Votez pour moi!

Um der Politikverdrossenheit bei den Jugendlichen entgegenzuwirken, haben manche französische Gemeinden einen Gemeinderat für Kinder (un conseil municipal pour enfants) eingerichtet. Bei den Wahlen der Mitglieder geht es genauso zu wie bei den professionellen Politikern. Hier ein Auszug aus ihrem Wahlkampf. Setze die folgenden Verben ins Futur I.

1. «Vous ______________________________ (ne pas le regretter).
2. Ensemble, nous ________________ (organiser) des réunions tous les mois.
3. Je ______________________ (savoir répondre) à vos questions.
4. Tous les mercredis, il y __________ (avoir) des films à la M.J.C. pour les enfants.
5. Ensemble, les adultes ____________________________ (devoir nous écouter).
6. Chaque mois, je vous _______________ (envoyer) un rapport de mes activités.
7. Vous ______________________ (s'apercevoir, einsehen) vite que

   je __________ (être) un bon représentant pour vous.
8. Bref, je ______________ (tenir) mes promesses.
9. C'est pourquoi, j'en suis sûr, vous ____________ (voter) tous pour moi demain.»

B Das Futur II *(le futur antérieur)*

Quoi! Tu n'as pas encore rangé ta chambre!
C'est seulement quand tu **auras terminé** de ranger que tu pourras sortir.

Neben den beiden Futurformen, die du bisher kennengelernt hast *(futur composé* und *futur simple)*, gibt es noch eine weitere Form, das Futur II *(futur antérieur)*. Dieses Futur II wird für Vorgänge verwendet, die in der Zukunft stattfinden, aber zu einem bestimmten Zeitpunkt abgeschlossen sein werden.

Futur II	Futur I
Quand tu **auras terminé** tes maths,	tu **pourras** aller chez ta copine.
Geschehen abgeschlossen	Geschehen offen

Das Futur II wird im Deutschen noch seltener gebraucht als das Futur I. Deshalb geben wir das *futur antérieur* in der Regel mit dem deutschen Perfekt wieder:

Erst wenn du deine Matheaufgaben **gemacht hast**, kannst du zu deiner Freundin gehen.

Du bildest das Futur II wie folgt:

Futur I von *avoir* oder *être* + *participe passé* des betreffenden Verbs

Françoise partira à deux heures. Donc, elle **sera arrivée** à quatre heures.

Nous travaillerons pendant deux heures et nous **aurons terminé** pour six ou sept heures.

Wie beim *passé composé* und *plus-que-parfait* werden die Verben der Bewegungsrichtung und die reflexiven Verben mit *être* gebildet. Auch das Partizip wird nach denselben Regeln verändert, die für das *passé composé* und *plus-que-parfait* gelten (→ Kapitel 1C).

Folgende Konjunktionen leiten das Futur II oft ein:

quand (wenn) lorsque (wenn)
dès que (sobald) aussitôt que (sobald)
ce n'est que lorsque . . . que . . . (erst wenn)

5 Vervollständige die Sätze mit dem Futur II der angegebenen Verben.

1. Je vous rendrai vos compositions dès que je les ____________________ (corriger).
2. Téléphone-moi aussitôt que tu ____________________ (arriver).
3. Laissez tout cela traîner (herumliegen). Je rangerai quand vous ____________________ (partir).
4. Quand tu ____________________ (passer) l'aspirateur dans ta chambre, tu descendras la poubelle.
5. Mademoiselle, quand vous ____________________ (terminer) les lettres, vous téléphonerez à M. Duterme.
6. Il n'aura la permission de sortir que lorsqu'il ________________ (finir) ses devoirs.
7. Dès que nous ____________________ (recevoir) notre commande (Bestellung), nous vous enverrons le chèque.

Test

I Kreuze an, ob die konjugierten Verbformen richtig oder falsch sind, und korrigiere sie, wo nötig.

			juste	faux	corrigé
1.	descendre	je descendrai	☐	☐	______________
2.	savoir	tu saveras	☐	☐	______________
3.	répéter	nous répéteront	☐	☐	______________
4.	falloir	je faudrai	☐	☐	______________
5.	pleuvoir	il pleuvra	☐	☐	______________
6.	être	ils seront	☐	☐	______________
7.	mettre	vous metterez	☐	☐	______________
8.	peser	elles pèseront	☐	☐	______________
9.	dormir	je dormai	☐	☐	______________

9 points

II Ergänze das Futur I der folgenden Verben.

regarder	prendre	boire
je ______________	tu ______________	il ______________
nous ______________	vous ______________	elles ______________
aller	courir	tenir
tu ______________	il ______________	elle ______________
vous ______________	nous ______________	ils ______________
envoyer	vendre	conduire
j'______________	tu ______________	il ______________
nous ______________	vous ______________	elles ______________
préférer	lire	réfléchir
je______________	tu ______________	il ______________
nous ______________	vous ______________	ils ______________

24 points

III Première journée de vacances de Christophe.
Ergänze das Futur I oder II.

Christophe se lève.

Christophe: Bon, d'abord, une bonne douche.

La mère: Christophe, quand tu auras pris ta douche, tu iras chez le boulanger. Et puis, quand tu ____________________[1] (revenir), tu ____________________________[2] (ne pas oublier) que c'est le jour des poubelles (Tag der Müllabfuhr).

Christophe: Oh, doucement! Minute! Je veux bien, mais quand j'_________________[3] (prendre) mon petit déjeuner.

La mère: Entendu, mais voilà, pour le petit déjeuner, passe chez le boulanger. Moi, je file au travail. Mais quand je _______________________[4] (revenir), je ne veux plus voir ce désordre dans ta chambre. Sinon, tout _________[5] (aller) à la poubelle.

Christophe: Ma mimoune, ne te fâche pas! Laisse moi souffler un peu. J'______________[6] (avoir) toujours le temps quand je _______________________[7] (se reposer) quelques jours. Ne me stresse pas comme les profs! Je suis en vacances!

La mère: Stress relatif quand on connaît tes notes. Quand tes grands-parents les _______________________[8] (voir), je ne suis pas sûre qu'ils te _______________[9] (donner) de l'argent de poche. Ton examen de rattrapage (Nachprüfung) est en septembre et tu __________________________[10] (ne pas partir) avant de revoir tes cours. Et pour aujourd'hui, mon petit chéri, tu ne _________________[11] (sortir) avec tes copains que quand tu _______________________[12] (ranger) ta chambre et que ton père et moi, nous __________________________[13] (contrôler). C'est compris?

13 points

7 Das Konditional
Le conditionnel

A Das Konditional I *(le conditionnel présent)*

Wenn du das Futur sicher beherrschst, bereitet dir auch das Konditional keine Schwierigkeiten, denn es wird genauso wie das Futur abgeleitet – du mußt nur andere Personalendungen anfügen.
Auch beim Konditional I sind diese Endungen für die regelmäßigen und unregelmäßigen Verben immer gleich.

Die Endungen des Konditional I lauten:

-rais -rais -rait -rions -riez -raient

Sie setzen sich also zusammen aus *r* und den Endungen, die du schon vom *imparfait* kennst.

- **Verben auf *-er***

Bei den Verben auf *-er* denkst du wie beim Futur I an die 1. Person Singular des Präsens und hängst an diese die Endungen des Konditional I an.

infinitif	présent	conditionnel présent	
regarder	je regarde	je	regarde**rais**
		tu	regarde**rais**
		elle/il	regarde**rait**
		nous	regarde**rions**
		vous	regarde**riez**
		elles/ils	regarde**raient**

- **Verben auf *-ir* und *-re***

Bei den Verben auf *-ir* und *-re* gehst du vom Infinitiv aus.

infinitif	conditionnel présent	
dormir	je	dormi**rais**
sortir	tu	sorti**rais**
répondre	elle/il	répond**rait**
perdre	nous	perd**rions**
vendre	vous	vend**riez**
prendre	elles/ils	prend**raient**

- **Unregelmäßige Verben**

Verben, die im Futur unregelmäßig waren, sind es auch im Konditional. Sie unterscheiden sich nur durch ihre Endung.

être	je	serais	aller	j'	irais
avoir	j'	aurais	faire	je	ferais
courir	je	courrais	tenir	je	tiendrais
mourir	je	mourrais	venir	je	viendrais
savoir	je	saurais	pouvoir	je	pourrais
devoir	je	devrais	vouloir	je	voudrais
pleuvoir	il	pleuvrait	falloir	il	faudrait
envoyer	j'	enverrais	apercevoir	j'	apercevrais (erblicken)
voir	je	verrais	s'asseoir	je	m'assiérais

1 Sur les bancs publics . . .
Setze die folgenden Verben ins Konditional I.

Elle: . . . On ________________[1] (habiter) dans une grande maison au bord de la mer. On __________[2] (avoir) cinq enfants qui _______________[3] (jouer) dans le jardin.

Lui: Cinq! Ça __________[4] (faire) quand même beaucoup! Disons, deux . . .

Elle: Nous _____________[5] (avoir) des animaux pour les enfants.

Elle: Toi et les garçons, vous __________[6] (aller) à la pêche et moi, je __________[7] (faire) pousser des légumes dans le jardin. Nous _________________________[8] (se nourrir, sich ernähren) des produits de la ferme. Tu _____________[9] (élever, züchten) des moutons. Avec leur laine (Wolle), je vous ________________[10] (tricoter, stricken) des pulls. Peut-être même que je _______________[11] (pouvoir) vendre mes pulls au marché. Il _____________________[12] (ne pas y avoir) de télévision chez nous. Nous ______________ [13] (vivre, leben) en harmonie avec la nature. On ________________ [14] (se lever) avec le soleil et on ________________ [15] (se coucher) avec le soleil. On ______________________ [16] (ne plus être) esclave (Sklave) de la technique et du confort, on . . .

Lui: Ecoute, Brigitte, j'________________ [17] (aimer) beaucoup qu'on reste ensemble, mais je te le dis tout de suite, je __________________________ [18] (ne pas pouvoir) vivre sans Minitel, sans mon ordinateur et sans TGV (train à grand vitesse). Et puis, mon chef me propose un poste de directeur des ventes à New York. Tu ________________ [19] (venir) avec moi? Là-bas, on ________________ [20] (pouvoir) . . .

B Das Konditional II *(le conditionnel passé)*

Je **serais** bien **allée** au cinéma, mais j'ai dû travailler.

Auch beim Konditional gibt es eine zusammengesetzte Form, das Konditional II.
Du bildest das Konditional II wie folgt:

Konditional I von *avoir* oder *être* + *participe passé*

Vergiß dabei nicht, daß Verben der Bewegungsrichtung sowie reflexive Verben mit *être* verbunden werden – und denk auch an die Veränderlichkeit des Partizips (→ Kapitel 1C).

Avec un peu plus de chance, j'**aurais pu** réussir mon permis de conduire.

Anne: «Moi, à ta place, je ne **serais** jamais **partie** en stop. C'est trop dangereux.»

2 Le jour de gloire . . .
Agathe n'a guère eu la tête à ses études cette année. Elle devra redoubler. Ses parents viennent de recevoir son bulletin et le lisent. Les reproches et les conseils pleuvent.
Setze die Verben ins Konditional II.

Les parents: Elève douée (begabt), mais paresseuse.

Le père: Trois notes insuffisantes en géographie, biologie et allemand. Des matières où il faut apprendre. Je l'avais dit! Jamais nous n'____________________ [1] (devoir) lui permettre de partir trois semaines en classe de neige. Elle ____________________ [2] (travailler) davantage. Cette catastrophe ____ [3] (peut-être ne pas arriver).

Agathe: Je n'avais pas la tête au travail cette année. Cela ____________________ [4] (arriver) tout pareil. Ce ne sont pas trois petites semaines enfermée au bahut (Penne) qui ____________________ [5] (changer) quelque chose au problème fondamental.

La mère: Tu ____________________ [6] (pouvoir) philosopher un peu plus tôt. Tu ____________________ [7] (devoir) réduire tes activités: SOS racisme, le théâtre, le sport, déléguée de classe, c'est trop!

Le père: A ta place, j'____________________ [8] (faire) un choix: sport et déléguée de classe. Ça ____________________ [9] (être) suffisant.

Agathe: Et vous ____________________ [10] (se plaindre, sich beklagen) que je ne m'intéresse pas à la culture et à la politique! Et puis mes profs ____________________ [11] (me donner) de mauvaises notes quand même car ils n'aiment pas mon look!

C Der Gebrauch des Konditionals

Das Konditional wird im Französischen als **Modus** und als **Tempus** gebraucht.

Als **Modus** fügt das Konditional dem Verb des Satzes einen bestimmten Nebensinn hinzu: es nuanciert, es verändert die Aussage des Satzes, indem es deren Gültigkeit aus Gründen der Höflichkeit, der Unsicherheit oder des fehlenden Bezugs zur Wirklichkeit abschwächt. Im einzelnen können wir folgende Nuancierungen unterscheiden:

Conditionnel présent

- Höfliche Form einer Bitte, einer Aufforderung, einer Frage, eines Vorschlags oder eines Wunsches:

Pourriez-vous me dire quelle heure il est?
Nous **devrions** réfléchir à ce projet.
Serait-il possible d'essayer ce pull?
Tu **ferais** cela pour moi?
J'aimerais bien partir en vacances avec ma copine au lieu de réviser les maths.

- Vorsichtige Information:

Il y **aurait** des morts dans l'accident.

- Annahme oder Vermutung:

Mes parents ne **seraient** pas contents de voir ma compo de maths.
Meine Eltern dürften wohl nicht zufrieden sein, wenn sie meine Klassenarbeit sehen.

- Bezeichnung einer bloßen Möglichkeit in der Gegenwart oder Zukunft:

A ta place, je ne **fumerais** pas. (Mais je ne suis pas à ta place!)
C'est vrai que je **pourrais** travailler un peu plus. (Mais, en réalité, je travaille très peu!)

- Bedingung:

Au cas où (falls) tu **viendrais**, dis-le moi.

Conditionnel passé

- Bezeichnung einer (nicht mehr realisierbaren) Möglichkeit in der Vergangenheit:

Tu **aurais pu** m'attendre! (Mais tu ne l'as pas fait!)
Je n'**aurais** jamais **fait** de stop seule! (Mais toi, tu l'as fait!)
J'**aurais pris** le train. (Je ne l'ai pas fait parce que je n'étais pas à ta place.)

Als **Tempus** bezeichnet das Konditional im Französischen eine von der Vergangenheit aus gesehene Zukunft *(futur du passé)*.

In dieser Funktion wird das Futur I in der direkten Rede durch das Konditional I in der indirekten Rede ersetzt.

Elle m'a dit: «Je t'**appellerai** demain.»
Elle m'a dit qu'elle m'**appellerait** demain.

Das Konditional II ersetzt entsprechend das Futur II:

Ma mère m'a dit: «Tu **pourras** sortir, quand tu **auras** terminé tes maths.»
Ma mère m'a dit que je **pourrais** sortir, quand j'**aurais** terminé mes maths.

Im Deutschen wird das temporal gebrauchte Konditional in der Umgangssprache meistens mit dem Indikativ oder durch eine Umschreibung mit „würde" wiedergegeben. In der gehobenen Sprache wird statt dessen der Konjuktiv verwendet.

Umgangssprache:	Sie hat mir gesagt, daß sie morgen anruft/anrufen wird/ anrufen würde.
Gehobene Sprache:	Sie hat mir gesagt, daß sie morgen anrufe/anrufen werde.

3 Untersuche die Funktion des *conditionnel présent*, und trage die entsprechende Bezeichnung ein (M = Modus, T = Tempus):

M 1 Höfliche Form einer Bitte, einer Aufforderung, einer Frage, eines Vorschlags, eines Wunsches
M 2 Vorsichtige Information
M 3 Annahme oder Vermutung
M 4 Möglichkeit in der Gegenwart oder Zukunft
M 5 Bedingung
T Nachzeitigkeit in der Vergangenheit

1. Il est parti à 14 heures, donc il devrait arriver à 17 heures. ___________
2. Pourriez-vous m'ouvrir la porte? ___________
3. Il m'a dit qu'il partirait dans deux jours. ___________
4. Nous devrions réfléchir sérieusement à un autre système de notes. ___________
5. A ta place, je l'enverrais en Angleterre passer ses vacances. ___________
6. On pourrait inviter les Mouchel à dîner. ___________
7. Au cas où tu prendrais le métro, achète-toi des tickets. ___________
8. Et tu viendrais en voiture malgré le verglas (Glatteis)! ___________
9. Tu me ferais ça? ___________

10. Je vous serais très reconnaissante (dankbar) de bien vouloir m'envoyer le catalogue commandé. ____________

11. Au cas où je ne serais pas là, ____________
tu pourrais toujours laisser un message sur le répondeur (Anrufbeantworter). ____________

12. Avec ta grippe, je ne fumerais pas. ____________

13. Il y aurait une trentaine de victimes (Opfer). ____________

14. Tu viendras? Non? Mais il y a deux jours, tu m'as dit que tu viendrais! ____________

Test

I Wie sicher beherrschst du das Konditional I? Trage die passenden Verbformen ein.

voir	savoir	venir
je ______________	tu ______________	elle ______________
faire	connaître	être
nous ______________	vous ______________	ils ______________
s'asseoir	aller	falloir
je ______________	tu ______________	il ______________
courir	pouvoir	devenir
nous ______________	vous ______________	elles ______________
construire	acheter	répondre
je ______________	tu ______________	il ______________
préférer	payer	recevoir
nous ______________	vous ______________	ils ______________

| 18 points

II L'argent de poche.
Agathe essaie d'améliorer (aufbessern) son argent de poche avec le baby-sitting, mais pas à n'importe quel prix. Mademoiselle a des exigences (Ansprüche). La voici qui négocie (verhandeln) au téléphone.
Setze die Verben ins Konditional.

– Oui, . . . Ce ____________[1] pour quand? — être
– Mouais . . . Et combien vous me ______________[2] pour la soirée? — payer
– Et qu'est-ce qu'il ______________[3] faire exactement? — falloir
– Bon, bon . . . Dites, ce jour-là, il ________________________[4] la série «Brigitte et les garçons» sur le Super Canal? — ne pas y avoir
– Ah, vous n'avez pas de décodeur . . . Vous comprenez, c'est embêtant, parce qu'après, pour comprendre la suite . . . Et vous ______________[5] des cassettes vidéo du style «Le retour de Trombinator»? — avoir
– Non plus . . . Alors, je _________________[6] peut-être apporter mes cassettes d'horreur? — pouvoir
– Ça ____________[7] peur au petit? Mais, au fait, il a quel âge? — faire
– Quatre ans! Mouais . . . Dites, j'ai une idée. Vous ne _________________[8] pas chez nous avec le gamin (enfant), enfin . . . votre enfant? — venir
– Ce ____________[9] plus pratique? Comme ça, je _________________[10] ma série . . . — être / suivre
– Au cas où il _________________[11], bien sûr . . . — dormir
– Non, ça ne vous ____________________[12] pas, comme solution (Lösung)? — plaire

– Et puis, comme ça, vous ____________________[13] obligé de me payer le taxi. — ne pas être

– Parce que moi, je ____________________[14] le métro à cette heure-là: J'____________[15] bien trop peur! — ne pas prendre / avoir

| 15 points

III Dites-le avec des fleurs . . .
Drücke dich höflich und zurückhaltend aus.

1. Du möchtest einen Orangensaft.
   Je/prendre/____________________

2. Du würdest gern ins Kino gehen.
   Je/aller volontiers/____________________

3. Du rätst deiner Mutter, einen anderen Pulli anzuziehen.
   Tu/devoir plutôt/____________________

4. Du fragst einen Unbekannten nach der „rue Zola".
   Vous/pouvoir/____________________

5. Du sagst dem Klassenlehrer, daß ihr es vorzieht, Comics (bandes dessinées *f*) zu lesen.
   Nous/préférer/____________________

Zwei Punkte pro Satz – ein Punkt Abzug pro Fehler.

| 10 points

IV Le petit traducteur.

1. Falls ich nicht da bin, klingle bei der Nachbarin.
   ____

2. Mit mehr Arbeit hätte sie die Prüfung bestanden.
   ____

3. Ohne diesen Unfall wären wir rechtzeitig angekommen.
   ____

Zwei Punkte pro Satz – ein Punkt Abzug pro Fehler.

| 6 points

8 Das konditionale Satzgefüge mit *si*
La phrase hypothétique avec «si»

A Das reale Bedingungsgefüge
B Der reale Konditionalsatz mit *si* und der Temporalsatz mit *quand*
C Das irreale Bedingungsgefüge

A Das reale Bedingungsgefüge

Il n'y **aura** pas d'école, **si** la grève des transports en commun* **continue**.
Si les routiers **bloquent** l'autoroute, beaucoup de gens **prendront** le train.

Ein konditionales Satzgefüge (Bedingungsgefüge) besteht aus einem Nebensatz, der eine Bedingung enthält (Konditionalsatz), und einem Hauptsatz, der die Folge nennt, die sich aus dieser Bedingung ergibt.
Der Konditionalsatz kann vor oder nach dem Hauptsatz stehen. Im Französischen wird er meist mit *si* eingeleitet. In diesem Fall ist eine besondere Schwierigkeit beim Bilden dieses Satzgefüges zu bewältigen: der Zeitenwechsel zwischen Haupt- und Nebensatz.

Nebensatz		**Hauptsatz**
Si la grève des transports en commun **continue**,		il n'y **aura** pas d'école.
Die Erfüllung der Bedingung **ist** möglich.		Die Folge **wird** eintreten.
si + Präsens	⇒	Futur I

Für die Zeitenfolge im realen Bedingungsgefüge mußt du dir folgende Punkte merken:

- Der *si*-Satz steht entweder im Präsens oder im *passé composé*.
- Nach *si* (wenn) steht niemals das Futur.
- Der Hauptsatz steht in der Regel im Futur. Er kann allerdings auch, je nach Bedeutung, im Präsens stehen.

	Nebensatz			**Hauptsatz**
si	+	Präsens *passé composé*	⇒	Futur I (oder Präsens)

* les transports en commun *m*, öffentliche Verkehrsmittel

1 L'argent de poche.
Gaëlle demande plus d'argent de poche, mais ses parents ne sont pas d'accord.
Ergänze die Verben in der richtigen Zeit.

1. Le père: Si on te ___________ (donner) déjà maintenant trois cents francs, tu ne ______________________ (comprendre) jamais ce que c'est que gagner de l'argent.
2. Gaëlle: Bientôt je ne ______________ (pouvoir) même pas acheter mon billet mensuel (Monatskarte), si vous m'_________________ (accorder) juste deux cents francs.
3. La mère: Si tu ___________ (acheter) un peu moins de fringues (Klamotten), comme tu dis, tu ___________ (avoir) encore plus d'argent pour les choses vraiment importantes!
4. Gaëlle: Si vous me ___________ (payer) le coupon mensuel (Monatsmarke), j' ________ (aller) plus souvent m'acheter un bon livre pour l'école.
5. La mère: Si tu ___________ (faire) des économies, cela te _________________ (permettre) d'avoir une plus grande somme à ta disposition.
6. Gaëlle: Et si je ne ___________ (pouvoir) même pas faire des économies?!
7. Le père: Mmh . . . alors, on ______________ (parler) à nouveau d'une augmentation de ton argent de poche, si pour la fin du mois tu ______________ (obtenir) des notes au-dessus de la moyenne.

8. Le père: Ecoute, Gaëlle, si tu _________________ (continuer) comme ça, on ____________________ (diminuer) le montant – pas de problème!
9. La mère: Je _________________ (trouver) peut-être une solution, si seulement vous ______________ (arrêter) de vous disputer!

B Der reale Konditionalsatz mit *si* und der Temporalsatz mit *quand*

Si Christine **passe** cet après-midi, je lui **rendrai** la cassette-vidéo.	wenn = falls	realer Konditionalsatz
Quand Christine **passera** cet après-midi, je t'**appellerai**.	wenn = sobald	Temporalsatz

Wie du siehst, geht es bei diesen beiden Satztypen um den Bedeutungsunterschied der Konjunktionen *si* und *quand*, die im Deutschen beide mit „wenn" übersetzt werden. Für die Wahl der richtigen Zeit mußt du diese beiden Satztypen unterscheiden.

– Im ersten Satz ist „wenn" mit „falls" gleichzusetzen. Es handelt sich hier also um einen Konditionalsatz. Hier gilt: Nach konditionalem *si* steht niemals das Futur.
– Das „wenn" im zweiten Satz bedeutet „sobald". Hier handelt es sich also um einen Temporalsatz, der mit *quand* eingeleitet wird. Beachte: Bei einem zukünftigen Geschehen steht nach *quand* das Futur.

Allerdings kann die Konjunktion *si* auch einen indirekten Fragesatz einleiten. Dieses *si* hat dann immer die Bedeutung von „ob". Auch der indirekte Fragesatz kann im Futur stehen.

Je ne sais pas **si** Christine **passera** cet après-midi.	*si* = ob	indirekter Fragesatz

Noch einmal zusammengefaßt:

si (wenn, falls)	→	Konditionalsatz	→	niemals Futur
quand (wenn, sobald)	→	Temporalsatz	→	Futur möglich
si (ob)	→	indirekter Fragesatz	→	Futur möglich

2 L'argent de poche (suite).
Si – quand – si? Ergänze die sinngemäß richtige Konjunktion, und setze die angegebenen Verben in die richtige Zeit.

1. – Maman, *quand* j' *aurai* (avoir) 18 ans, je ______________ (partir) tout de suite d'ici.
2. – Gaëlle, ________ tu ______________ (trouver) la possibilité de le faire, personne ne te ________________ (retenir).

3. – Je me demande ________ je ne ____________ (devoir) pas commencer un petit boulot. Sylvie le fait déjà, elle travaille comme baby-sitter.

4. – Papa ne ________ (être) certainement pas content, ________ tu ne ____________________ (se concentrer) pas entièrement sur l'école.

5. – Il se contredit. __________ je ____________ (demander) un peu plus d'argent, il me ____________ (reprocher) de ne pas savoir ce que c'est que gagner de l'argent; mais ________ je ________ (être) décidée à gagner de l'argent, il n'________ (être) pas d'accord.

6. – Mmh . . . , je ne ________ (savoir) pas _si_ ma collègue à la biliothèque ____________ (pouvoir) aider. ________ tu y __________ (ranger) des livres par exemple, tu en _______________ (profiter) pour trouver des livres intéressants pour l'école.

7. – Oh, maman, ce serait super!! ________ nous __________ (avoir) les mêmes horaires de travail, on _____________ (rentrer) ensemble. Et ________ je __________ (recevoir) mon premier salaire, je t'_____________ (inviter).

C Das irreale Bedingungsgefüge

Bei einem konditionalen Satzgefüge, das eine nicht erfüllbare (irreale) Bedingung enthält (oder eine Bedingung, deren Erfüllung unwahrscheinlich ist), mußt du zwei Arten unterscheiden:

1. das irreale Bedingungsgefüge, das sich auf die Gegenwart und die Zukunft bezieht,
2. das irreale Bedingungsgefüge, das sich auf die Vergangenheit bezieht.

Nebensatz	Hauptsatz
1. **Si** j'**avais** un hélicoptère, (mais je ne l'**ai** pas!)	je **pourrais** éviter cet embouteillage (Stau).
Die Erfüllung der Bedingung ist unmöglich oder unwahrscheinlich.	Die Folge bleibt eine bloße Vorstellung.
si + Imperfekt	⇒ Konditional I

2. **Si** j'**avais pris** mon vélo, (mais je ne l'**ai** pas **pris**!)	j'**aurais pu** éviter cet embouteillage.
Die Bedingung ist in der Vergangenheit nicht erfüllt worden.	Die Folge bleibt eine bloße Vorstellung (auf die Vergangenheit bezogen).
si + Plusquamperfekt ⇒	Konditional II

Die Regel für die Zeitenfolge im konditionalen Satzgefüge (→ Kapitel 8 A) ist also zu erweitern:

Nebensatz			**Hauptsatz**
si +	Imperfekt	⇒	Konditional I
	Plusquamperfekt	⇒	Konditional II

3 Réalité et rêves.
Formuliere irreale Bedingungsgefüge. Ein Tip: Bilde dazu vom Inhalt des ersten Satzes immer das Gegenteil.

Réalité	**Rêves**
1. Nous n'avons pas d'argent.	faire un voyage autour du monde

Si nous avions de l'argent, nous ferions un voyage autour du monde.

2. Je n'ai pas encore 18 ans.	pouvoir conduire la voiture de papa

____

____

3. Christiane et Claude n'ont pas eu leur sac de couchage.	rester la nuit chez les copains

____

____

4. La secrétaire n'a pas d'ordinateur.	taper les lettres en peu de temps

____

____

5. Françoise ne connaissait personne du comité de fête.	pouvoir participer au bal

____

____

6. Les parents n'ont pas laissé partir Gilles. — passer une semaine sur un bateau à voile

____

____

7. Clotilde a la grippe. — s'amuser avec ses copines à la piscine

____

____

8. Mes parents ne sont pas d'accord. — habiter avec mon ami

____

9. Ils se sont disputés. — aller au théâtre

____

In der gesprochenen Sprache findet man häufiger „alleinstehende" *si*-Sätze im Imperfekt: Sie drücken einen Vorschlag aus, bei dem die Folge – der Hauptsatz – mitgedacht, aber nicht ausgesprochen wird. (Die Erfüllung der Bedingung ist in diesen Sätzen übrigens nicht ausgeschlossen.)

Et **si** on **faisait** encore un petit tour en ville? (. . . ce serait sympathique, n'est-ce pas?)

4 Formuliere solche Vorschläge.

1. à ton grand frère/ta grande sœur → expliquer les devoirs de maths à qn

   Et si tu m'expliquais les devoirs de maths?

2. à ta copine → manger une glace ensemble

   ____

3. à tes amis → aider à préparer une boum

   ____

4. à tes parents → faire un pique-nique ensemble

   ____

5. à ton chien qui aboie (bellt) → se taire

____

6. à ton petit frère/ta petite sœur → laisser dormir (qn)

____

7. à tes camarades de classe → demander ensemble au professeur de faire une excursion

____

____

Test

I Verbinde die Gliedsätze so, daß sie einen Sinn ergeben und auch der richtigen Zeitenfolge entsprechen. Notiere die richtigen Satzgefüge anschließend auf einem Blatt Papier.

1. Si mes parents habitaient à Grenoble,
2. J'achèterai une voiture et un ordinateur,
3. Si je n'avais pas eu tant de collègues aimables,
4. Quand mon grand-père fêtera ses 80 ans,
5. J'écrirais un roman,
6. Si mes parents étaient plus libéraux,
7. Je saurais conduire un avion,
8. Je me demande,
9. S'il n'y avait pas le bac à préparer,
10. Je ne sais pas

a) il recevra certainement beaucoup de cadeaux.
b) si mes parents me comprennent.
c) je pourrais faire ce que je voudrais.
d) j'aurais le temps de sortir avec mes copines.
e) si à l'âge de 16 ans on peut déjà ouvrir un compte.
f) quand je gagnerai mes 10 000 balles (francs) par mois.
g) je passerais toutes mes vacances à faire du ski.
h) si mon père était millionnaire.
i) j'aurais changé de métier.
k) si je faisais moins de fautes de grammaire.

1.	2.	3.	4.	5.	6.	7.	8.	9.	10.
g									

9 points

II Et toi, comment réagirais-tu?

Wie reagierst du in den folgenden Situationen? Formuliere mit Hilfe der kursiv gedruckten Stichworte deine Ratschläge, und benutze das richtige Bedingungsgefüge.

1. A la discothèque: ton copain (19 ans) a déjà bu trois bières. Maintenant il veut prendre le volant pour te reconduire à la maison. *prendre le volant/risquer d'avoir un accident*

   Si tu prends le volant, ______________________________

2. Tes amis voulaient partir en vacances avec toi, mais finalement ils sont restés à la maison. *ne pas être resté à la maison/avoir fait une excursion en bateau à voile*

   Si vous ______________________________

   ____

3. Ta copine ne sait pas lire le plan de Paris. Vous cherchez la tour Eiffel, mais vous arrivez au Louvre. *avoir su lire le plan/être arrivé à la tour Eiffel*

   ____

4. Ta mère a 39° de température. Elle ne veut pas rester au lit. *ne pas rester au lit/être encore plus malade*

   ____

5. Tu as envie d'aller à la piscine avec tes amis, tu leur fais la proposition.

   Et si ______________________________

Zwei Punkte pro Satz – ein Punkt Abzug pro Fehler.

| 10 points

9 Die Pronomen
Les pronoms

A Indefinite Pronomen
B Demonstrativpronomen
C Possessivpronomen

A Indefinite Pronomen

Indefinite Begleiter und indefinite Pronomen wie *quelque(s)*, *chaque* oder *tout* kennst du bereits. Sie geben eine unbestimmte (indefinite) Menge oder Anzahl bzw. eine Nullmenge an. Mit ihnen lassen sich auch feine Bedeutungsnuancen ausdrücken.

Die indefiniten Begleiter stehen vor einem Nomen und richten sich in Geschlecht und Zahl nach diesem: *chaque jour, quelques amis, toutes les cassettes.*

Une prof modèle (mustergültig)?
Tu peux prendre **n'importe quel** *jour*, elle arrive en retard. (irgendeinen Tag)
Tu peux lui poser **toutes les** *questions* que tu veux. Elle **ne** te donnera **aucune** *réponse* claire. (alle Fragen) (keine Antwort)
Et **certains** *jours*, la prof de français est vraiment de mauvais poil (schlecht gelaunt)! **Chaque** *élève* sait qu'il ne faut pas l'énerver le lundi, sinon, c'est le test! (an manchen Tagen) (jeder Schüler)

Indefinite Pronomen, um die es in diesem Abschnitt geht, stehen dagegen **stellvertretend** für ein Nomen oder eine Nominalgruppe. Auch sie richten sich in Geschlecht und Zahl nach dem Bezugswort, das sie vertreten – außer *plusieurs,* das wie ein Zahlwort unverändert bleibt.

Aucun *ami* **ne** m'a répondu.
Aucun ne m'a répondu.

Toutes tes *sœurs* sont venues?
Oui, **chacune** est venue pour mon anniversaire.

Das indefinite Pronomen kann Subjekt des Satzes sein. In diesem Fall steht es vor dem konjugierten Verb. Es kann aber auch direktes oder indirektes Objekt sein.

Subjekt	Objekt
Chacun aidera maman pendant les vacances.	Réfléchis! Tu dis **n'importe quoi**.
N'importe qui peut entrer si vous ne fermez pas la porte.	Il fait **tout** et **n'importe quoi.**
	Je n'aime pas que tu parles **à n'importe qui.**

Einige indefinite Pronomen kennst du seit langem:

on, quelqu'un, quelque chose, tout, (ne . . .) rien

Merke dir außerdem folgende indefinite Pronomen:

n'importe quoi	(irgend etwas)	la plupart	(die meisten)
n'importe qui	(irgend jemand)	(ne . . .) personne	(niemand)
tous, toutes	(alle)	(ne . . .) aucun,e	(kein,e einzige,r)
certain,e,s	(manche)	(ne . . .) nul,le	(keine,r)
chacun,e	(jede,r einzelne)	le, la même	(derselbe, dieselbe)
plusieurs	(mehrere)		

Ein bißchen viel? Dann versuche doch, dir manche indefinite Pronomen als Gegensatzpaare zu merken.

Im Textzusammenhang	positiv	negativ – immer mit *ne*
bisher nicht erwähnt	on quelqu'un tout quelque chose	personne rien
bereits erwähnt	chacun,e quelques-uns quelques-unes certain,e,s plusieurs	pas un,e aucun,e

- **autre,s**

Da die Verwendung des Indefinitpronomens *autre,s* eine häufige Fehlerquelle darstellt, befassen wir uns mit diesem Pronomen näher.

Autre,s wird meistens als Adjektiv gebraucht:

un/l'**autre** village   d'/les **autres** villages

Es kann aber auch als Indefinitpronomen verwendet werden, allerdings nur mit Artikel:

un autre, **une** autre, **d'**autres   l'autre, **les** autres

Certains enfants sont propres très jeunes; **d'autres** plus tard.

Beachte: *d'autres* (andere) – *des (= de + les) autres* (der anderen).

- **autre chose** (etwas anderes)

Tu as **autre chose** à me dire?

1 Vervollständige mit dem passenden indefiniten Pronomen.

quelque chose	aucun ne	les uns/les autres	n'importe quoi	certains (2x)	
personne ne	plusieurs	quelques-uns	chacun	personne ne	aucun

1. Fais attention! Tu fais ______________________!
2. ________________ a droit à manger une glace.
3. As-tu encore ______________________ à faire?
4. ______________________ a compris le film.
5. J'ai invité tous mes copains mais ______________________ peut venir le jeudi soir. Par contre, ________________ pourraient venir le vendredi.
6. ______________________ des fruits que j'ai achetés étaient trop mûrs; ________________ étaient même carrément (einfach) pourris.
7. La classe n'est jamais d'accord pour une excursion: ________________ veulent faire une promenade en forêt, ________________ veulent aller dans un musée.
8. Je cherche un sac à main mais je n'en trouve ________________ qui me plaît.
9. «Tu as trouvé un jean qui te va?» «Oui, j'en ai même essayé ________________.»

- **Indefinitpronomen mit *de***

Auf einige indefinite Pronomen kann *de* + Adjektiv folgen. Folgende Konstruktion kennst du sicher schon.

J'ai vu **quelque chose de chic** (etwas Schickes).

Merke dir auch die folgenden:

C'est **quelqu'un de très sympathique.**
Je **n'ai rien fait de spécial.**
Regarde mes diapositives. Il y en a **quelques-unes de très réussies** (gelungen).
Moi, j'ai raté toutes mes photos de vacances. Il **n'**y en a **aucune de bonne/ pas une de bonne.**

Einige indefinite Pronomen können auch von einem Substantiv oder einem Pronomen näher bestimmt werden:

	de + Begleiter + Substantiv	oder *d'entre* + Pronomen
quelques-uns	de mes amis	d'entre nous
plusieurs	de mes profs	d'entre vous
certaines	de mes collègues	d'entre elles
chacune	de mes copines	d'entre elles
ne . . . aucun	de mes amis	d'entre eux
ne . . . pas une	de mes amies	d'entre elles
l'un	de mes frères	d'entre eux

2 Crise de personnalité d'Agathe.
Agathe a une crise d'identité. Son amie Elodie pourrait peut-être l'aider.
Vervollständige das Telefongespräch mit indefiniten Pronomen.

tous (3x)	autre chose	rien (2x)	personne	n'importe quoi	aucun
quelqu'un	l'autre	certains	quelques-uns	l'un	

Agathe: Personne ne m'aime!

Elodie: Tu exagères! Tu dis ____________________ [1]! Dans la classe, il y a pas mal de garçons qui sont amoureux de toi. __________ [2] t'ont déjà invitée à leur boum.

Agathe: Tu parles! __________ [3] des boudins (Blödmänner)! __________ [4] ne me plaît! __________ [5] a des boutons (Pickel) plein la figure, on dirait les cratères de la lune. __________ [6] ne pense qu'à son ordinateur. Sans blague (ohne Scherz), tu savais que Léo m'avait envoyé une lettre d'amour sur disquette! C'est poétique!

Elodie: On ne peut pas être __________ [7] parfaits comme mademoiselle! Et puis, tu es trop prétentieuse (anspruchsvoll). Il y en a ____________________ [8] de sympas. Mais toi, tu recherches les superlatifs. Tu veux __________________ [9] de beau, de friqué (mit Moos), d'intelligent.

Agathe: Tu n'as __________ [10] compris à ce que je t'ai dit. Du reste (übrigens) ____________ [11] ne me comprend! __________ [12] ne m'intéresse!

Elodie: Tu n'aurais pas __________________ [13] à dire pour changer un peu!
On en a __________ [14] ras le bol (die Nase voll) de tes plaintes (Klagen)!

• Indefinitpronomen mit *en*

Kommt das Indefinitpronomen im Zusammenhang mit *il y a, il reste/il manque* oder als direktes Objekt vor, dann darfst du ein kleines Wort nicht vergessen: *en*. Wie du bereits weißt, ersetzt *en* Ergänzungen mit *de* + Substantiv nach einem Zahlwort.*

Il y a plusieurs versions de ce film?	Oui, il y **en** a **plusieurs**.
Il reste encore des fruits?	Oui, il **en** reste **plusieurs**.
Tu as encore **quelques gâteaux**?	Oui, j'**en** ai encore **quelques-uns**.
Il n'a pas fait **une faute**?	Non, il **n'en** a **pas** fait **une**.
Elle n'a invité **aucune de ses amies**?	C'est cela. Elle **n'en** a invité **aucune**.

Ergänzungen mit *de* nach indirekten Objekten werden jedoch nicht durch *en* aufgegriffen.

Elle n'a écrit **à aucune** de ses amies.
Elle n'a écrit **à aucune**.
indir. Objekt

3 Korrigiere die folgenden Sätze.

1. Chaque est venu à ma boum.
2. On a rien acheté.
3. C'est quelqu'un sympathique.
4. Personne a appelé.
5. Tu as des timbres à me prêter?
   Oui, j'ai plusieurs.
6. Tu peux me passer les cassettes du film «La Diva» et «Le Grand Bleu»?
   Non, je n'ai pas les musiques de ces films-là, mais j'en ai des autres.
7. Ses romans sont tout traduits en anglais.
8. Tes copains sont là?
   Oui, quelques sont déjà arrivés.

* → Besser in Französisch, Grammatik 8. Schuljahr, Kapitel 14

B Demonstrativpronomen

Die Demonstrativbegleiter *ce*, *cet*, *cette*, *ces*, die immer in Verbindung mit einem Nomen stehen, sind dir seit langem schon bekannt.

Ce livre-là m'a beaucoup intéressé(e).
Cette chanson est toujours à la radio.

Das Demonstrativpronomen **vertritt** wie das Indefinitpronomen eine bereits erwähnte Nominalgruppe und richtet sich in Geschlecht und Zahl nach dieser.

	♂	♀	neutrale Pronomen
Singular	celui(-ci)	celle(-là)	ce, ceci, cela
Plural	ceux(-là)	celles(-ci)	

- **Die einfachen Formen**

Die nicht mit *-ci* oder *-là* zusammengesetzten Demonstrativpronomen stehen nie allein. Sie werden immer durch einen Relativsatz oder eine Ergänzung (meist mit *de*) bestimmt.

Quelles chaussures as-tu prises?
J'ai pris **celles** *qui étaient en promotion* (Sonderangebot).

Si tu n'as pas tes clés, prends **celles** *de Pierre*.

Das neutrale Pronomen *ce* wird mit *être* oder mit einem Relativsatz gebraucht.

C'*est* grave, docteur?
Je n'ai pas bien compris **ce** *que tu as dit*.

- **Die zusammengesetzten Formen**

Die zusammengesetzten Demonstrativpronomen werden oft für Gegenüberstellungen und Aufzählungen gebraucht.

Quel livre veux-tu? **Celui-ci** ou **celui-là**?

In der Schriftsprache verweist das Adverb *ci (ici)* auf einen näheren Gegenstand und *là* auf einen entfernteren. Die gesprochene Sprache verwendet jedoch die Form *-là* auch für Gegenstände in der Nähe.

C'est bien cette cassette que tu veux?
Oui, c'est bien **celle-là**.

Im Text verweist *là* auf die zuerst genannte Wortgruppe, während *ci* sich auf die zuletzt genannte bezieht.

J'ai rencontré Elodie et Adeline.
Celle-ci (Adeline) pense aller en Angleterre alors que **celle-là** (Elodie) cherche un stage en Allemagne.

Für die neutralen Formen *ceci* und *cela* gilt entsprechend, daß sich *ceci* auf die näheren und *cela* auf die weiter entfernten Gegenstände bezieht. In der gesprochenen Sprache wird allerdings *ceci* kaum verwendet, sondern durch *cela* (umgangssprachlich *ça*) ersetzt.

Qu'est-ce qui te plaît davantage, **ça** ou **ça**?
Cela, ce n'est pas mal, mais **cela** ne me plaît pas du tout.

Wird auf Textstellen verwiesen, bezieht sich *cela* auf etwas, was eben erwähnt wurde, und *ceci* auf eine noch kommende Aussage.

Je vais vous raconter **ceci**: . . .
Et alors, elle m'a dit **ceci**: . . .

4 Ersetze die unterstrichene Wortgruppe durch ein Demonstrativpronomen.

1. Prends <u>le pull</u> de Jean. ______________
2. Essaie <u>la robe</u> de Monique. ______________
3. Il m'a alors raconté <u>cette histoire</u>: . . . ______________
4. J'ai vu Christian et Bernard. <u>Bernard</u> veut passer une année ______________
   dans une école allemande et <u>Christian</u> veut se spécialiser en informatique. ______________
5. <u>Ces cassettes-là</u> durent plus longtemps. ______________
6. Qui sont ces deux hommes? ______________
   Ce sont <u>les hommes</u> qui viennent pour réparer le garage. ______________
7. Qu'est-ce que tu prends comme jeu? <u>Ce jeu-ci</u> ou ______________
   <u>ce jeu-là</u>? Décide-toi! ______________
8. C'est pour <u>cette raison</u> qu'elle ne veut pas venir. ______________
9. <u>Les pommes</u> d'hier étaient meilleures. ______________
10. Prends <u>le chemin de droite</u> et moi, je prendrai ______________
    <u>le chemin de gauche</u>. ______________

C Possessivpronomen

C'est **ton parapluie**?
Oui, c'est **le mien** (meiner).

Das Possessivpronomen ersetzt eine schon bekannte Nominalgruppe, die aus Possessivbegleiter + Nomen besteht. Die Form des Possessivpronomens richtet sich nach der grammatischen Person des Besitzers (1. Person Singular: *le mien*, 2. Person Singular: *le tien*, . . .). Außerdem wird es in Geschlecht und Zahl an das Bezugswort angeglichen *(le mien, la mienne, les miens, . . .)*.

C'est **ta bicyclette**?
Oui, c'est **la mienne**.

la mienne → Besitzer/in: je (1. Person Singular)
la mienne → Bezugswort: la bicyclette (Femininum Singular)

	Bezeichneter Besitz			
	Singular		Plural	
	♂	♀	♂	♀
Ein Besitzer: je tu elle/il	 le mien le tien le sien	 la mienne la tienne la sienne	 les miens les tiens les siens	 les miennes les tiennes les siennes
Mehrere Besitzer: nous vous elles/ils	 le nôtre le vôtre le leur	 la nôtre la vôtre la leur	 les nôtres les vôtres les leurs	

Merke dir: Vor dem Possessivpronomen steht immer der bestimmte Artikel. Achte deswegen auf die Zusammenziehung nach *à* und *de*.

Je donne des légumes **à mon chien**.
J'en donne aussi **au mien**.

Tiens, une lettre **de mes parents**!
Moi, je suis sans nouvelles **des miens**.

Achte außerdem auf Schreibweise und Aussprache der 1. und 2. Person Plural:

le, la, les nôtre,s
le, la, les vôtre,s
} [o] (geschlossenes o)

5 Ersetze die unterstrichene Wortgruppe durch ein Possessivpronomen.

1. Ce livre est <u>à moi</u>. C'est le mien.
2. C'est <u>ma cassette</u>. C'est ______
3. Ce sont <u>vos livres</u>. ______
4. C'est <u>ton prof</u>? ______
5. Il envoie toujours une carte <u>à ses amis</u>. ______
6. Nous avons encore des contacts avec <u>nos correspondants</u>. ______
7. Il ne s'intéresse pas <u>à ses affaires</u>. ______
8. Nous nous occuperons <u>de vos problèmes</u>. ______
9. Ce parapluie, c'est <u>celui de Michel</u>? ______
10. Ces pulls sont <u>à eux</u>? ______
11. Les balles de tennis sur la table sont <u>à nous</u>? ______

6 Le style, c'est l'homme.
Es empfiehlt sich, wenn es möglich ist, ein Pronomen zu benutzen, statt eine schon erwähnte Nominalgruppe zu wiederholen. Du machst es auch im Deutschen nicht anders. Die folgenden Sätze sind aufgrund ihrer Konstruktion oder der Wiederholungen unrichtig oder stilistisch unschön. Korrigiere sie, und gib an, ob sie sprachlich nicht korrekt (Gr) oder stilistisch schwerfällig (St) sind.

1. Si tu n'as pas tes clés, prends mes clés.

   ____ ______________________________

2. J'ai retrouvé mon livre, mais pas le sien de Jean.

   ____ ______________________________

3. Voici nos cassettes et voilà les votres.

   ____ ______________________________

4. C'est ton avis (*m*, Meinung) mais ce n'est pas mon mien.

   ____ ______________________________

5. Cette disquette, c'est de moi.

   ____ ______________________________

6. Voilà sa chambre et voilà leur chambre.

   ____ ______________________________

Test

I Wem gehört was?
Im Restaurant werden viele Sachen vergessen. Ergänze in den Spechblasen Possessivbegleiter, Possessivpronomen oder Demonstrativpronomen.

| 12 points

II Ersetze die unterstrichene Nominalgruppe durch das entsprechende Pronomen.

1. C'est ma place. ______________________
2. Ces chaussures-là sont trop élégantes. ______________________
3. Ce sont les affaires de sport de Delphine. ______________________
4. Tu as acheté des timbres?
   Non, je n'ai pas acheté un seul timbre. ______________________
5. Les personnes qui sont venues à ma boum étaient toutes très
   sympathiques. ______________________
6. Chaque correspondant doit pouvoir s'orienter seul en ville. __________________
7. Certains élèves s'intègrent vite dans les familles d'accueil, mais d'autres élèves
   restent timides (schüchtern). ___________________ ___________________
8. Les chaussures d'Alexis sont les chaussures qui traînent sur le banc. __________
9. Je m'occupe de mes affaires et tu t'occupes de tes affaires. _______________

| 10 points

III Vervollständige die Sätze mit dem passenden Pronomen.

1. Tourne à la seconde rue car ______________ est en travaux.
2. Rends-moi tout de suite ces photos, ce sont ____________________.
3. Je ne fais ___________ de spécial aujourd'hui.
4. Tu peux me prêter deux disques compact, ___________ de Souchon et ___________ de «Porte 53»?
5. C'est curieux . . . Il y a toujours ____________________ devant cette banque.
6. Les habitants de cette région sont plus aimables que ___________ de la région où nous étions l'an dernier.
7. Il n'y a jamais ___________ d'intéressant dans ce cinéma.
8. Vincent! Tais-toi un peu! (Hör auf zu reden!) Tu as toujours ______________________ à dire!
9. Arrête de me piquer (klauen) des feuilles; pense plutôt à prendre ____________________.
10. Il travaille de façon irrégulière. Certains jours il fait beaucoup de devoirs et ________________ il n'en fait ______________.
11. Ma mobylette (Mofa) est verte et ___________ de mon frère est bleue.

13 points

10 Der Komparativsatz
La phrase comparative

A Der Vergleich bei Mengen
B Der Vergleich bei Zahlen
C *autant . . . que / aussi . . . que*

A Der Vergleich bei Mengen

Du erinnerst dich sicher noch an die Grundregel bei Mengenangaben*:

En ville, il y a **beaucoup de** pollution.
Les rues sont bouchées par **trop de** voitures.
Les maires n'ont pas **assez d'**argent pour changer cette situation.

Um einen Vergleich zu formulieren, wird diese Regel nun mit den Elementen kombiniert, die für die Bildung des Komparativs und des Superlativs benötigt werden.

- Komparativelemente:
  plus . . . que (mehr . . . als)
  moins . . . que (weniger . . . als)
  autant . . . que (genausoviel . . . wie)
- Superlativelemente:
  le plus . . .(die meisten . . . / das meiste . . .)
  le moins . . . (die wenigsten . . . / das wenigste . . .)

Die Komparativelemente umschließen: *de/d'* + Nomen:

La France a	**plus**	de superficie	**que** l'Allemagne.	
Mais elle a	**moins**	d'habitants	**que** l'Allemagne.	**Komparativ**
Elle a	**autant**	de problèmes	**que** l'Allemagne.	

Die Superlativelemente werden durch *de/d'* + Nomen ergänzt:

C'est Paris qui a	**le plus**	de touristes.	**Superlativ**
Ce sont les Japonais qui ont	**le moins**	de vacances.	

* → Besser in Französisch, Grammatik 8. Schuljahr, Kapitel 7B

1 C'est la voiture qui fait le bonheur?
Formuliere Sätze mit Hilfe der folgenden Angaben:
+/– Komparativ
= Gleichheit
++/– – Superlativ (Benutze beim Superlativ immer die Hervorhebung:
c'est . . . qui / ce sont . . . qui . . .)

1. L'Italie/construire/voitures/la France/–

____

2. L'Allemagne/construire/voitures/la France/+

____

3. Les Français/acheter/voitures étrangères/les Allemands/–

____

____

4. Les Allemands/conduire/voitures japonaises/les Français/+

____

____

5. D'ailleurs (übrigens) les Américains/acheter/voitures/++

____

6. Ils ont/embouteillages (Verkehrsstau)/les Européens/=

____

7. En Chine/il y a/voitures/– –

____

B Der Vergleich bei Zahlen

La terre est très vieille: elle a **plus de** 5 milliards d'années.	(mehr als)
L'histoire de l'humanité est très jeune: elle a **moins de** 6 mille ans.	(weniger als)
La planète la plus proche est à **plus de** 350 000 kilomètres de la terre.	(mehr als)

Wie die Nomen werden auch Zahlen nach den Vergleichsadverbien

plus
moins mit *de* angeschlossen.

2 Les vacanciers et les Bretonnes.
Vervollständige mit dem Vergleich. Achtung! In manchen Sätzen mußt du auch noch das Verb hinzufügen.

1. – «La Marine» est un petit hôtel?
   – Mais non, il a ________________________ chambres. (200 +)

2. – Il est loin de la gare?
   – Non, pas du tout, il ________________ ________________. (3 km –)

3. – Vous avez déjà vendu beaucoup de cartes postales?
   – Non, j'en ai vendu ________________________. Les gens n'écrivent plus. (30 –)

4. – On peut se baigner aujourd'hui?
   – Attention, c'est dangereux, les vagues (Wellen) font ________________________. (2 m +)

5. – Et si on allait dans ce petit restaurant?
   – Ecoute, le menu le moins cher ____________ ________________. (150 FF +)

6. – Est-ce qu'on trouve un parking à la plage?
   – Pourquoi? La plage ________________________ ____________. (200 m –) Vous pouvez y aller sans voiture.

7. – Tu as déjà fait beaucoup de photos?
   – Bien sûr, j'en ai déjà fait ________________________ photos. (150 +)

C *autant que / aussi . . . que*

Soll eine Gleichheit ausgedrückt werden, mußt du im Französischen drei Fälle unterscheiden:

- bei Verben → *autant que*

Dans l'informatique (Informatikbranche) on peut **gagner autant qu'**à la banque.

- bei Nomen → *autant de . . . que*

En Martinique, il y a **autant de fruits que** chez nous, mais ils sont bien différents.

- bei Adjektiven und Adverbien → *aussi . . . que*

Une crêpe est parfois **aussi nourissante** (nahrhaft) **qu'**une pizza.
Monika Seleš a gagné **aussi facilement que** Steffi Graf.

3 Les garçons et leurs rêves.
Setze die richtige Vergleichsformel ein, und benutze dazu die Angaben am Rande des Textes.

1. Tu as vu les nouveaux modèles de moto, ils ont ______________ ______________ les voitures de course. — chevaux
2. Mais non, tu rigoles (du machst Witze); elles sont certainement très rapides, mais pas ______________ la plupart des voitures de course. — rapide
3. Je te le jure! Avec ces motos on peut rouler ______________ ________ Alain Prost. — vite
4. De toute façon, ce n'est pas ______________ ________ dans une voiture de course. — confortable
5. Mais si! Avec des vêtements en cuir on a ______________ ______________ dans une limousine. — confort *m*
6. Mmh, et on ______________ pour une voiture de luxe . . . — payer

4 Les filles et leurs rêves . . .

1. Tu sais, j'ai vu des jeans chez MicMac; ils sont ___________ chez Lafayette*. — chic

2. Ce n'est pas possible. Chez MicMac, ils n'ont certainement pas ___________ dans les grands magasins. — couleurs

3. J'aimerais bien avoir ___________ Gaëlle. — boucles d'oreilles *f* (Ohrringe)

4. Si tu avais un petit boulot, tu pourrais en ___________ elle. — acheter

Test

I Les jeunes Européens à l'heure actuelle.
Jan (Rotterdam), Angela (Brighton), Gisela (Essen), Jean-Luc (Lyon), Miguel (Madrid), Anna (Krakau) und Istvan (Budapest) diskutieren miteinander. Jean-Luc versteht noch nicht genug Deutsch. Anna übersetzt für ihn.

1. Jan: Die Deutschen haben weniger Arbeitslose als die Franzosen.

   Anna: ___________

2. Gisela: Aber trotzdem haben wir mehr Probleme als die anderen Europäer.

   Anna: ___________

3. Miguel: Das ist nicht wahr. Wir sind viel ärmer als die Deutschen. Wir haben zum Beispiel weniger Industrie als Polen.

   Anna: ___________

* großes Kaufhaus in Frankreich

4. Angela: Aber warum seid ihr so pessimistisch? Wir alle (Nous tous, nous . . .) haben viel mehr Chancen als unsere Großeltern. Die Ungarn und die Polen können jetzt genausoviel reisen wie die Franzosen und die Holländer.

   Anna: ____

   ____

   ____

   ____

5. Istvan: Aber nur, wenn sie genauso reich sind wie die Franzosen und die Holländer.

   Anna: ____

   ____

Gib dir für jeden richtigen Vergleich einen Punkt.

| 7 points

II Les jeunes Européens en 2100.
Un sondage (Meinungsumfrage) dans quelques pays européens montre
- que beaucoup de jeunes en Europe parlent plusieurs langues étrangères,
- qu'ils travaillent en moyenne (im Durchschnitt) 18 heures par semaine,
- qu'ils ont de moins en moins de voitures à cause de la pollution,
- que beaucoup d'entre eux vont souvent sur la lune.

Les jeunes Européens:	langues étrangères	horaire de travail par semaine	pourcentage (%) de voitures	vont souvent sur la lune (fois par an)
Allemands	**3**	**18**	**20**	**5** 10.a)
Anglais	**2**	**18**	**18** 7.a)	**2**
Espagnols	**3** 1.a)	**20** 4.	**18** 7.b)	**3** 10.b)
Français	**2** 1.b)	**18**	**21**	**4** 11.a)
Hollandais	**4** 2.a)	**15** 5.	**15** 8.	**4** 11.b)
Hongrois	**6** 3.	**22**	**27** 9.a)	**2**
Polonais	**5** 2.b)	**25** 6.	**30** 9.b)	**1** 12.

Deine Aufgabe ist es, die gekennzeichneten Zahlen miteinander zu vergleichen und die entsprechenden Vergleichs- bzw. Superlativ-Adverbien zu benutzen.

1. Les Espagnols parlent _plus de langues étrangères que_ les Français.
2. Les Hollandais ____

   __________ les Polonais.
3. Ce sont les Hongrois qui ____

   ____
4. Les Espagnols travaillent _____________ 18 heures par semaine.
5. ____

   18 heures par semaine.
6. ____
7. Les Anglais ont __________________________________ les Espagnols.
8. Les Hollandais ____
9. Ce sont les Hongrois qui _______________________________________
10. Les Allemands vont ____

    ____
11. Les Français ____

    ____
12. Ce sont les Polonais qui _______________________________________

11 points

11 Die Formen des *subjonctif*
Les formes du subjonctif

Neben dem Indikativ, dem Imperativ und dem *conditionnel* gibt es im Französischen eine weitere Aussageweise (Modus): den *subjonctif*. Er wird zwar oft auch als „Konjunktiv“ bezeichnet, man verwendet ihn aber in anderen Zusammenhängen als den deutschen Konjunktiv – so zum Beispiel nach Verben bzw. Ausdrücken der Aufforderung, der Möglichkeit und des Befehls.

Il faut	**que**	**tu prennes**	le bus à six heures et demi.
Il est possible	**que**	**je sois**	en retard.
Je voudrais	**que**	**vous rangiez**	vos affaires maintenant.

Wie du siehst, gehen einer *subjonctif*-Form fast immer ein *que* sowie ganz bestimmte Einleitungsformeln voraus. In diesem Kapitel werden wir uns jedoch vor allem mit der Bildung des *subjonctif* beschäftigen.

Der *subjonctif* fast aller Verben wird nach folgendem Prinzip gebildet:

Man nehme das Wörtchen *que*,
den Stamm der 3. Person Plural des Präsens,
die Endungen

-e -es -e -ions -iez -ent

und erhält den *subjonctif présent*.

Die regelmäßigen *subjonctif*-Formen entsprechen im Singular sowie in der 3. Person Plural den Präsensformen der Verben auf *-er*. In der 1. und 2. Person Plural entsprechen sie dem *imparfait*.

- **Verben auf *-er***

infinitif	présent: elles/ils	subjonctif présent		
chanter	**chant** ent	que	je	chant **e**
		que	tu	chant **es**
		qu'	elle/il	chant **e**
		que	nous	chant **ions**
		que	vous	chant **iez**
		qu'	elles/ils	chant **ent**

- **Verben auf *-re* und *-ir***

infinitif	présent: elles/ils	subjonctif présent		
attendre	**attend**ent	que	j'	attend **e**
ralentir	**ralentiss**ent	que	tu	ralentiss **es**
rendre	**rend**ent	qu'	elle/il	rend **e**
dire	**dis**ent	que	nous	dis **ions**
dormir	**dorm**ent	que	vous	dorm **iez**
atteindre	**atteign**ent	qu'	elles/ils	atteign **ent**

Aber wie immer gibt es auch hier einige Ausnahmen. Daher merkst du dir für den *subjonctif* am besten folgende unregelmäßige Verbtypen:

- **Verben, die von zwei Stämmen abgeleitet werden**

infinitif	présent: nous	présent: elles/ils	subjonctif présent			Ebenso:
prendre		**prenn**ent	que	je	prenn **e**	
			que	tu	prenn **es**	
			qu'	elle/il	prenn **e**	
			qu'	elles/ils	prenn **ent**	
	prenons		que	nous	pren **ions**	
			que	vous	pren **iez**	
boire		**boiv**ent	que	je	boiv **e**	devoir,
			. . .			recevoir
	buvons		que	nous	buv **ions**	
			que	vous	buv **iez**	
venir		**vienn**ent	que	je	vienn **e**	tenir
			. . .			
	venons		que	nous	ven **ions**	
			que	vous	ven **iez**	
croire		**croi**ent	que	je	croi **e**	voir, payer,
			. . .			employer,
	croyons		que	nous	croy **ions**	envoyer
			que	vous	croy **iez**	
acheter		**achèt**ent	que	j'	achèt **e**	préférer
			. . .			
	achetons		que	nous	achet **ions**	
			que	vous	achet **iez**	

- **Verben mit einem abgeleiteten und einem eigenen *subjonctif*-Stamm**

infinitif	présent: nous	subjonctif-Stamm	subjonctif présent		
aller		**aill-**	que	j'	aill **e**
			que	tu	aill **es**
			qu'	elle/il	aill **e**
			qu'	elles/ils	aill **ent**
	allons		que	nous	all **ions**
			que	vous	all **iez**
vouloir		**veuill-**	que	je	veuill **e**
			. . .		
	voulons		que	nous	voul **ions**
			que	vous	voul **iez**
il faut (falloir)		**faill-**	qu'	il	faill **e**

- **Verben mit einem eigenen *subjonctif*-Stamm**

infinitif	subjonctif-Stamm	subjonctif présent		
savoir	**sach-**	que	je	sach **e**
pouvoir	**puiss-**	que	tu	puiss **es**
faire	**fass-**	qu'	elle/il	fass **e**
		que	nous	sach **ions**
		que	vous	puiss **iez**
		que	elles/ils	fass **ent**

- **Verben mit zwei eigenen *subjonctif*-Stämmen**

infinitif	Stamm	subjonctif présent		infinitif	Stamm	subjonctif présent	
être	**soi-**	que je	soi **s**	avoir	**ai-**	que j'	ai **e**
		que tu	soi **s**			que tu	ai **es**
		qu' elle/il	soi **t**			qu' elle/il	ai **t**
		que elles/ils	soi **ent**			qu' elles/ils	ai **ent**
	soy-	que nous	soy **ons**		**ay-**	que nous	ay **ons**
		que vous	soy **ez**			que vous	ay **ez**

Beachte hier auch die abweichenden Endungen von *être* im Singular und von *avoir* in der 3. Person Singular.

Mit den Verben *être* und *avoir* hast du auch den „Schlüssel“ für den *subjonctif passé*

> Je ne pense pas qu'il **ait pris** le train.
> Nadine, c'est gentil que tu **sois venue** nous aider hier.

Natürlich mußt du darauf achten, daß auch beim *subjonctif passé* das *participe passé* in Geschlecht und Zahl dem Subjekt, auf das es sich bezieht, angeglichen wird.

1 Le potage du jour.
Les Français aiment bien les potages de légumes. Après avoir fait cuir les légumes on les passe ensuite au mixeur (Pürierstab).
Setze den *subjonctif*-Pürierstab ein, und verarbeite die Infinitive zu den richtigen Formen des *subjonctif présent*.

Es gibt verschiedene Ausdrücke und Verben, die den *subjonctif* auslösen.
Der *subjonctif* folgt immer nach:

a) Äußerungen des Wunsches, der deutlichen Aufforderung/des Befehls, des Einverständnisses: *j'accepte que, . . .*
b) Äußerungen des Bedauerns, der Verwunderung, des Zweifelns und der Zufriedenheit: *je suis content,e que, . . .*
c) einer ganzen Reihe von unpersönlichen Äußerungen: *il est normal, . . .*
d) bestimmten Konjunktionen: *pour que* (damit), *bien que* (obgleich), *sans que* (ohne daß), *avant que* (bevor), *jusqu'a ce que* (bis daß).

Im folgenden Test findest du weitere „Auslöser" für den *subjonctif.*

Test

I M. Boulifrance va voir son médicin.
Setze die richtigen Formen des *subjonctif présent* ein.

Boulifrance: Voilà, docteur, il faut que vous m'____________[1] (aider).

Docteur: J'ai peur que vous __________[2] (être) très malade. J'aimerais que vous me ____________[3] (raconter) ce que vous mangez le soir.

Boulifrance: En général, pas grand chose! Il est possible que de temps en temps nous _______________[4] (préparer) un petit dîner avec une entrée, un bon plat principal, le fromage bien sûr, et un dessert. Mais je ne crois pas que ce ________[5] (être) plus souvent que quatre fois par semaine. Et le week-end, il se peut que nous __________[6] (aller) dans notre restaurant préféré. Là, il est normal que nous ____________[7] (prendre) le menu du dimanche.

Docteur: Est-il obligatoire que votre menu ________[8] (être) arrosé (begießen) d'un bon vin?

Boulifrance: Ah oui, docteur, pour que nous ________________[9] (digérer) bien, il est parfois nécessaire que nous ________________[10] (boire) même deux bouteilles. Et bien que ma femme m'____________[11] (interdire) de fumer à la maison, une petite cigarette me fait du bien après un tel repas.

Docteur: Mon cher Boulifrance, il est bien normal que vous ne vous ____________[12] (sentir) pas en forme. Je crains que vous __________[13] (être) gravement malade. Il est temps que vous ____________[14] (changer) votre vie. Il faut que vous ____________[15] (suivre) un régime très strict.

Boulifrance: Oh docteur, je ne pense pas qu'un régime me __________[16] (faire) du bien.

16 points

Besser in Französisch

mit Lernhilfen von Cornelsen Scriptor

Das sorgfältig aufgebaute Übungsprogramm, das Grammatik und Wortschatz von Klasse 7 bis 13 umfaßt. Die Bände sind auf die führenden Französisch-Lehrwerke abgestimmt. Geübt wird genau das, was in schulischen Tests, Klassenarbeiten und Klausuren verlangt wird.

Michelle Beyer, deren Muttersprache Französisch ist, und Simone Lück-Hildebrandt unterrichten am Gymnasium. Diethard Lübke ist ein erfahrener Gymnasiallehrer und als Verfasser von bewährten Lehrwerken und Übungsprogrammen bekannt.

Alle Bände sind zweifarbig, mit Zeichnungen und zum Teil mit Lösungsheft ausgestattet.

Grammatik 7. Schuljahr
Von Michelle Beyer
und Simone Lück-Hildebrandt
120 Seiten, Paperback
ISBN 3-589-20914-3

Grammatik 8. Schuljahr
Von Michelle Beyer
und Simone Lück-Hildebrandt
124 Seiten, Paperback
ISBN 3-589-20923-2

Grammatik 9./10. Schuljahr
Von Michelle Beyer
und Simone Lück-Hildebrandt
112 Seiten, Paperback
ISBN 3-589-20941-0

Grammatik Oberstufe
Von Michelle Beyer
und Simone Lück-Hildebrandt
In Vorbereitung für 1995.
ISBN 3-589-20974-7

Weniger Fehler in Klausuren Oberstufe
Von Diethard Lübke
96 Seiten, Paperback
ISBN 3-589-20948-8

Klausurtrainer: Textarbeit Oberstufe
Von Diethard Lübke
88 Seiten, Paperback
ISBN 3-589-20975-5

Die Lernhilfen von Cornelsen Scriptor gibt es auch für andere Fächer: **Besser in Englisch, Besser in Deutsch** und **Besser in Mathematik.**

Cornelsen Verlag Scriptor

Fragen Sie in Ihrer Buchhandlung.